Dieses Buch gehört:

Stadt:

Straße:

Telefon:

Kleiner Tipp für alle Singles:
Einfach in der Nähe einer begehrenswerten Person zufällig liegen lassen.
Achtung: Hinterher werfen bringt nix!

Orthografie und Rechtschreibung dieses Buches folgen den
Regeln von Lemmi Lembcke!

© TENNEMANN media, Schwerin 2011
Gartenweg 30 c, 19057 Schwerin
Tel. 0385-77501
http://www.tennemann-media.de
http://www.tennemann.com

Alle Rechte vorbehalten, insbesondere das der Übersetzung, des
öffentlichen Vortrags sowie der Übertragung durch Rundfunk und Fernsehen,
auch einzelner Teile. Kein Teil des Werkes darf in irgendeiner Form (durch
Fotografie, Mikrofilm oder andere Verfahren) ohne schriftliche Genehmigung
des Verlages reproduziert oder unter Verwendung elektronischer Systeme
verarbeitet, vervielfältigt oder verbreitet werden.

1. Auflage 2011

Herstellung: TENNEMANN media
Satz und Layout: Andrej Subarew Zavod 3, Wismar
Druck und Bindung: produktionsbüro TINUS, Schwerin
Titelbild: Lars Düring
Printed in Germany
ISBN 978-3-941452-09-1

Vorwörter

So, da ist er jetzt.
Mein gedeckter PoeTisch.
Einige Gedichte und Kurzgeschichten die sich im Laufe der letzten Jahre so zusammen geläppert haben und jetzt einfach mal weg müssen.
Eigentlich packe ich so etwas für alle Zeit in meinen Schreibtisch, wenn da nicht dieser mir gesonnene Radio-Mensch wäre, der da meinte, dass man so etwas auch in einem Buch verstauen kann.
Und er hatte Recht, es passte alles rein.
Bei der Gestaltung des Buchantlitzes habe ich lange mit mir gerungen bis dann doch einer von mir gewann, und zwar der mit der Besten „wie stellt man optisch einen Titel dar" Idee.
Da gab es zum einen dieses Stillleben von einem alten, Poesie beladenen Schreibtisch mit Totenkopf und Schreibfeder, (leider zu balladich) dann dieser läufige Terrier der gerade ein Tischbein rammelt (wegen „gedeckter" PoeTisch. Knaller!), doch letztendlich war es dann dieser graphische Geniestreich den Titel einfach vorne auf das Buch zu schreiben. Sensationell!!
Ein kleiner Satz auf weißem Info-Balken und noch jede Menge Platz für verliebte Selbstdarstellung.
Und wenn es nur das wäre! Jetzt kommts!
Das Buch ist natürlich auch noch Hand signiert. Ja, meine Mutter ist da noch mal mit dem Edding durch, hat gemeint das verkauft sich dann besser und zudem bin ich mir auch ziemlich sicher das der Wert dieses Buches in zehn Jahren ungefähr bei Hundert Euro liegen wird. Wenn Sie zwanzig davon verkaufen.
Ach und noch etwas, außerdem hat dieses Werk ganz bestimmt einmal enormen Seltenheitswert. So in 3000 Jahren.
Also, unbedingt besorgen und dann viel Spaß beim lesen.
Ich hab mir übrigens auch schon eins gekauft.

Herzlichst Ihr

InhaltsAngabe

Eigentlich wollte ich nicht angeben,
aber die ersten Gedichte sind schon mal
der Knaller, dann die hammermäßigen
Kurzgeschichten sowie die mega-geilen
Liedtexte dazu und immer wieder
diese kleinen Apps!
Absolut spektakulär!!
Weltliteratur vom Feinsten!!!
Ein begnadeter Poet,
ein Schreiber des Volkes
und was für ein Angeber.

EinBuchung

Hinweis: Bitte geben Sie zur Einbuchung ein Passwort ein.
Wir bieten folgende bekannte Passwörter an.
Reise - Doppel - Eng - By - Komm - Heidens.

Darum
Ich hab mich oft schon drauf geeinigt,
das Poesie die Seele reinigt,
doch macht mich dann sogleich auch stutzig,
wodurch wird sie denn bloß so schmutzig?
Durch die Arbeit, durch die Liebe,
saufen, rauchen, sonstge Triebe?
Ich frag mich was dahinter steckt,
das mir das Ding stets so verdreckt.
Und so dicht ich unentwegen
und weiß noch nicht einmal wogegen.

Die Muse
Die Muse gab mir heut 'nen Kuss,
so'n richtig langen nassen,
doch hat sie nicht was sie ja muss,
mir Reime hier gelassen.
Die Muse, die flog wieder Heim,
doch was blieb mir als Schreiber?
Ich konnt mir selber was drauf reim,
so sind nun mal die Weiber.

Moderne Kunst, was mich betrifft,
empfand ich nie für wichtig,
ich weiß nur dank der Unterschrift,
das Bild hängt so wohl richtig.

Ich suche noch mein Deckelchen,
also die passende Frau zum Manne,
denn jeder Topf der findet einen.
Vielleicht bin ich 'ne Pfanne?

Die Perlenfischer
Du warst die Perle auf dem Grunde,
im Meer meiner Gefühle,
doch all mein rauschen, all mein schäumen
ließ dich in tiefer Kühle.
Ich war ein Heer von Perlentauchern
die zu dir ins Tiefe stiegen,
vergeblich, dann soll dich auch nur,
so'n Krabbenkutter kriegen.

Ich lud dich ein zum Essen,
bei Kaviar und Sekt,
nur leider war mein Scheck nicht
so wie der Tisch, gedeckt.
Da ging sie wütend von mir,
was auch sein gutes hat,
denn ließ ich sie auch hungrig,
so hat sie mich doch satt.

Wenn ich manchmal Fleisch tranchier,
kommen mir oft die Tränen,
vor Heimweh ist so manches Tier,
auch noch als Steak voll Sehnen.

Das Liebe durch den Magen geht,
ist zwar bekannt, doch auch sehr blöd,
denn ich hab in so manchen Stunden,
noch'n besseren Weg gefunden.

Der Ritter

Der Ritter war ein Wandersmann,
damit er auch wo anders kann.
Denn stets am Hofe auf der Jagd,
nach 'ner Zofe oder Magd,
schlug ihm doch ganz schön auf's Blech,
drum wollt er wech.
So ritt dann der Ritter durch des Landes Weiten,
sein Pferd das nahm mit er
denn sonst wär's ja kein Reiten
und er suchte Erotik und auch noch 'ne Bleibe,
hinter Mauern der Gotik gefüllt mit 'nem Weibe,
die er dann mit der Klampfe des Singens bedachte,
während ihr Mann grad im Kampfe
sein Dingens machte.
Seine leichten Schamalz-Overtüren
reichten damals zum Verführen,
jede Jungfrau tat ihm auf und wußt genau
das „Jung" geht drauf,
so manche Burgstruktur sah er von innen her,
doch man wollt nicht Kultur man wollte mehr.
Deswegen sang er nicht nur Lieder,
nein er sang auch in ihr nieder
und das meist in Rüstung nach Rittersart,

was beweist bei der Lüstung
warn auch die Frauen stahlhart,
nahmen die Gewalt des Metalls in Kauf,
man war halt damals besser drauf.
So pflegte er zwar stets 'ne Maid zu preisen
aber nicht sein Kleid aus Eisen,
welches man zwecks Kampf erfand,
doch hielt's dem Sex am End nicht stand.
Es war gezeichnet von Rissen, ne einzige Delle,
schon ungeeichnet an 'ner gewissen Stelle
und weil es so knarrte war nun bald nichts mehr lose
und er verharrte nun zu 'ner Pose
als keimiges Mahnmal für seine Kollegen,
die reinig es warn mal doch nun nichts mehr pflegen.
Und war er einst ein Ungehemmter
ist er heut mehr ein Verklemmter.
Man legte ihn lahm durch des Jahres Natur
und wenn ihm jetzt mal was kam
dann war es da nur,
der Weisheit Triebe wenn er unter Schock zitiert,
das alte Liebe doch oxydiert.
Durch Artentfremdung der Klamotten
kam's hart zur Endung der Marotten
die Liebe zu kosten als stetiger Wanderer,
jetzt müssen sie rosten, er und sein Anderer.

Moral:
Die Freud hat nur der, der bei Zeiten entkroch,
sonst bumst es nicht mehr, es quietscht nur noch.

Liebesgedicht
Der Jahre sind genug zeronnen,
verhofftes Glück auf der Zeiten Ringe,
die Lieb sie ward wie tau gesponnen,
doch Licht erlosch der Trugbild Dinge.
Oh Schmach der Seele, mags verzeihn
die Gruft in mir, der Hoffnungs schrein,
doch pocht's vergebens an den Toren,
die Brut der Freud bleibt ungeboren.
Doch Götter, klaftertief im Herzen
entweicht die freflich Zeit den Schmerzen,
seit jener Stund die Lieb ich sah,
die lechzend Sinne in mir gebar,
so frohlocket dem Rausche, des Urtriebes Gier!!
„Oder wat will die von mir?"

Trinkspruch
Gallileo Gallile,
dem kam schon damals die Idee,
das, soweit sich's um die Erde dreht,
der selbigen es auch so geht.
Na ja, vielleicht ist das ja so gewesen,
doch denk ich mir, steh ich am Tresen,
der Galli sprach mal stark betrunken,
nach 'ner Sauftour durch Spelunken,
irgendwann zur Erde nieder:
„man was drehst du dich heut wieder!"
Und dafür kennt man den noch heute.
Na dann, Prost Leute!!

Dem letzten Schluck
Wie sind wir beide uns doch ähnlich,
du Flasche Alkohol,
von außen Glanz und Etikette,
von innen aber hol.
Ein letzter Schluck schwappt noch am Boden,
vom hochprozent'gen Geist,
der meine macht's an gleicher Stelle,
nur schwappt der nicht, der kreist.
Ja du hät'st ein großer Wein sein können,
und ich Reich mit viel Geld in den Taschen,
doch wir beide sind hier nur,
zwei angetrunkene Flaschen.

Gevatter Tod iss schon ein Schlimmer,
doch 'ne Steigerung die gibt's immer,
denn viel gemeiner und intriger,
ist wohl der Gevatter Schwieger.

Für die Geburtstagskarte
All mein Wünschen, all mein Glücken,
wollt ich in Reime binden,
doch tat die Muse mir kein drücken,
mocht nicht die rechten Worte finden.
Oh könnt ich nur ein Dichter sein,
vom kreativen Blute,
so viele mir was bess'res ein,
als stets nur: Alles Gute!

Kasse 3

Ich stand vor Kasse 3.
Ich und ein innerlich hoch kriechendes Gefühl welches mir sagte bei der finalen Entscheidung, „an welcher Kasse geht's jetzt wohl am schnellsten?", wieder jämmerlich versagt zu haben.
Dabei hatte ich doch die Anzahl aller anstehenden Einkaufswagen mit dem grob geschätzten Gesamtgewicht ihrer Füllgutmenge subtrahiert, davon die Sympathiepunkte sämtlicher dienst habender Verkäuferin auf einer Facharbeiterscala von 1 bis 0815 dividiert und die Tangente von 4 Schlangen a 5 Meter ins Reziprok gebracht.
Macht nach Aldi Riese – Kasse 3.
Meine Kasse.
Die, bei der alles in eine staugehärtete Mystik verfällt sobald sich der metalldurchstrebte Wagen in die Reihe scheppert.
Wo Obst nicht nur frisch sondern auch ungewogen das warten auf die emsig nachwiegende Kassiererin verlängert und wo im stetigen Trommelfeuer es von Kasse zu Kasse kommuniziert:
„Helga, welche Nummer hat Chicoree!"
Das ist meine Kasse!
Die schon den ganzen Tag ihre Fühler nach mir ausstreckte, in Form von kleinen links und rechts Regalen, gefüllt mit Ködern aus Zigaretten, kleinen Schnapsflaschen, Kaugummis und Schokoriegeln.

Meine Kasse, die ihre lechzend schwarze
Zunge nach mir ausstreckte, dieses kleine,
schwarze Förderband um sich gierig meine
Produktauswahl durch ihren Scanner zu ziehen.
Und davor das Opfer, eine leicht gereizte Warte-
schlange, die langsam zur Anakonda mutiert und
sich alles Gift in ihre Zähne presst.
Warteschlange, welch passender Begriff.
Geht doch gerade dieses Tier mit seiner
hypnotischen Anmut in eine Art Warteposition
bevor es das Opfer in die gelähmte Starre beißt.
Das Gegengift, 2 Milch, 'n Brot und Leberwurst.
Damit bin ich an der Kasse doch schnell durch.
2 Milch, 'n Brot und Leberwurst.
Mehr ist es nicht, was mein Körbchen hier zu
bieten hat.
Etwas zu essen, etwas zu trinken. Aber auch
Rotkäppchen hätte nur etwas Kuchen und eine
Flasche Wein dabei und kam trotzdem voll in die
Scheiße.
Mein Vordermann, ein im Ansatz nicht mal
glaubhaft funktionierender Macho mit Sonnenbank
gegerbter Trockenhaut, der man, um sie zu
Mischhaut zu befleißigen, 12 Liter Prosecco
untermischen müsste, scheint noch
unentschlossen.
Unentschlossen darüber ob er das Stäbchen mit
der Aufschrift „nächster Kunde" hinter sein
Warensortiment platzieren soll, welches mir
verräterisch den genussmittellastigen
Tagesausklang jenes Kunden offenbart.

Da scheint mir doch die kleine Oma, die mir mit
anerkennender Ausdauer immer wieder ihren
Einkaufswagen von hinten in die Hacken schiebt
konsequenter.
Ihre rann winkende Hand an dessen älteres Ende
ein gespitzter Zeigefinger auf die leer stehende
Konsumwüste zwischen unser beider Sortiments-
häufchen zeigt, weist auf das notwendige
Zusammenspiel zwischen Trennstab und mir hin.
Und wie ich ihn so ergreife, den … Trennstab, wie
ich ihn so in den Händen halte, da durchfährt sie
mich wieder die Frage, die ich spätestens dann
wenn ich beim Kassenbon nachrechnen
kapituliere, längst wieder vergessen habe.
Wie heißt du eigentlich wirklich, du … Trennstab?
Warenspalter, Artikelmobber oder „ich zahl mein
Scheiss, du zahlst dein Scheiss – Gerät"?
Doch wieder stelle ich diese ungelöste Frage in
meine geistige Warteschlange von Namenlosen
mir nie vorgestellten Dingsbumsen, direkt hinter
Einem, ich nenn ihn mal, Saugpümpel für'n
verstopften Abfluss.
Na ja, ich tröste mich mit dem Gedanken, dass
das Interesse am beiderseitigen kennen lernen
doch wohl sehr einseitig ausgeprägt ist
und lege das Ding vor eine Dose Katzenfutter
mit Thunfischgeschmack.
Und wie ich es so errichte, dieses Plastikbollwerk,
diese Mauer der Trennung, kam ich mir ein wenig
vor wie Walter Ulbricht in seinen besten Zeiten, der
auch nie die Absicht hatte eine Mauer zu errichten.

Doch der Trost der mir als alter Ossi für diese kleine Dose Katzenfutter blieb, der man nun den Blick auf all diese farbenprächtigen und glitzernden Markenprodukte vor ihr verwehrte war der, das letztendlich doch alle zur Kasse gebeten werden um sie ordentlich abzukassieren.
Da standen wir nun.
Vor mir eine Anzahl von Verbraucherköpfen, zwischen denen immer mal wieder das Antlitz der Verkäuferin von Kasse 3 auftauchte.
Wie ein kleines Segelboot auf stürmischer See das hier und da zwischen den Wellenkämmen aufblinkt und hektisch das Rettungssignal des Scanners übers Meer schickt.
Piep, Piep.
Und hinter mir die Hackenfahrer Omi, die sich ihr schwarzes Portmonai schon dicht unters Antlitz hielt um jeden noch so kleinen Cent an Farbe und Geruch zu outen.
Ihre kleine Dose Katzenfutter mit Tuhnfischgeschmack rollte jedes mal Umkippverdächtig hin und her wenn sich das Vörderband stückchenweise nach vorne ruckelte, und ich hatte plötzlich die Geschichte dieses armen Fisches vor Augen.
Dieses rucken und ziehen am Hacken, dieses harte Aufschlagen in eisbefüllte Styroporkisten, das geschüttele auf dem alten LKW bis zum Finalen reinstoßen ins Regale.
Und dann noch dieses Vörderband.
Da war mir als hörte ich ein leises stöhnen aus der Dose. „Hört das denn nie auf!?"

Es ruckelte weiter doch plötzlich spürte ich wie ein Prinzip der Beiläufigkeit mich aus meinem Maritimem Mitleid riss.
Zu diesem Moment zeichnete sich nämlich durch mein Unterbewusstsein, eine gedachte Tempolinie, die das vorankommen anderer Parallelwagen von Fremdkasse 2 und 4 kontinuierlich abcheckte.
Dieses in die Jahre gekommene und noch von Konsum und HO ausgebildete Talent, verriet mir jetzt dass meine Entscheidung richtig war.
Meine Kasse war die schnellste und ich erreichte sie als Der der alle anderen den Staub seines Milch, Brot und Leberwurst getunten Wagens schlucken ließ. Ich war endlich dran.
Vor mir saß sie, die Kassiererin, das finalistische Adiermädel, die Strichcodeprinzessin am Zieleinlauf, von deren flinken Händen sich der gesamte Supermarktinhalt von vorn bis hinten durch piepsen lies. Auch meine 3 Wageninsassen wollten da nicht Außenseiter sein und hasteten fröhlich Richtung Scannerfeld, sich von der Lasershow preisen zu lassen.
Diese dunkle Scheibe, mit ihren kreuzgebündelten Rotlichtstrahlen, dieser Orakelbrunnen der die letzten Geheimnisse in Zahlen auf das Display petzt, war für mich seit jeher Herausforderung eines verbissenen Wetteiferns von dem niemand nur zu ahnen glaubte.
Es gibt Tage an denen ich es gar nicht erst versuche, die flott gescannten und durchgeschobenen Artikel zeitnah mit dem Piepsen

in die Tasche zu bekommen, bevor die Kassenfrau zur Zahlung mahnt.
Da weiß man einfach, sie wird schneller sein.
Und wie ich da so besiegt in mich hineindöse, zack da schiebt sie auch schon die nächste Produktauswahl gegen meinen Rucksack, während ich noch versucht bin mir eine transportgerechte Einräumtechnick auszuklügeln.
Und wie ich da noch so bemüht bin den Anschluss zu finden um rein Optisch der Restschlange zu vermitteln, ich beeil mich ja, setzt nun der Kassenprofi zum nächsten Schlag an.
In einem genau kalkulierten Zeitpunkt, in der Phase zwischen „gleich hab ich's" und „Fertig", bremst man mich nun geschickt mit dem Anfang eines Satzes aus der Kapitulationspotenz besitzt.
„So das macht dann ...!"
Dieser nun entstehende innere Konflikt, diese Grätsche zwischen bezahlen oder weiter einpacken endet meist in der Hörigkeit einer anerzogenen Zufriedenstellung gestellter Aufgaben.
So lasse ich diese 24,80 € oder 32,60 € einfach mal vordrängeln, und tröste mir das ganze so zu recht, das auf Grund der geleisteten Wegräummenge ein fast unentschieden vertretbar wäre.
Ich bezahle und glaube in den verhärteten, leicht hoch gezogen Mundwinkeln meiner Gegenspielerin erkennen zu können, das ihr diese Demonstration der Willkür jeden verdammten Cent wert war.

Verstohlen räume ich die letzten Bummelanten von Lebensmitteln in meinen Rückenbeutel und will gehen, 1 Schritt, 2 Schritte, 3 Schritte, als ich plötzlich diese unheilvolle Ahnung in mir spüre, das es noch nicht vorbei ist.
Ich bleibe stehen und warte, warte auf den verbalen Abschuss zum finalen Endschlag, warte bis das Kittelmonster seinen Schleim versprüht und mich mit 2 Worten das Verlieren leert.
„Ihr Wechselgeld!"
Treffer, versenkt und aus der Werbung genommen.
Die Neonröhren verdunkeln sich, die runde Kassenlampe Nr. 3 wird zur Spiegelkugel und was eben noch einlullende Supermarktmusik war hämmert jetzt Hymnengleich aus allen Boxen.
Im Konfettiregen aus kleinen Bonusmarken kommt sie mir entgegen, die Siegerin des goldenen Bongs, die sich dann wahllos ein Konfettimärkchen aus den Tausenden heraus greift und mich auf ihre arrogant, gönnerisch Art fragt ob ich nicht auch eins haben möchte.
Ich sage: Was?
Ob sie Bonusmarken sammeln?
Und da sitzt sie wieder an ihrer Kasse und hält abreisbereit das Röllchen mit den Marken in der Hand, hinter mir die Thunfisch-Oma die noch immer in ihr Portmonai zu kriechen scheint und vor mir der schon fertig eingepackte Rucksack.
„Äh, … nein", stammelt es aus mir heraus und alles was sich auf den letzten Metern zu einer Blase aus Renkespiel und Narretei in meinem Kopf

zusammen sponn zerplatzt an dem „dann eben nicht Lächeln" dieser freundlichen Kassiererin.
„Wie gesagt 3,80 € bekomm ich dann noch von ihnen".
Wie gesagt?
Aha, der Satz lässt mich erahnen das mein Stand bye Modus unbemerkt weiter lief während ich im Nirwana des Einzelhandels zu Felde ritt.
Ich nicke, reiche der Dienstleisterin ein Fünfer rüber und stoppe grad noch den Reflex einer Rachlust die volle Pulle gegen die Innenseiten meiner Stimmbänder knallt.
„Dein scheiß Wechselgeld kannste behalten!!"
Nein, nein! Es war alles gut.
Ich glaubte alles zu haben und war zufrieden.
Die gläserne Ausgangstür verabschiedet mich mit einem Luftdruckgepresstem Psssst, wie es auch Jahrhunderte später noch auf der Enterprise zu hören seit wird, und erleichtert lasse ich meiner versagten Erwartungshaltung freien Lauf.
Was für ein herrlicher Shoppingtag, kein Stress, kein Gedrängel und keine Ahnung davon,
dass mir bald wieder die Hacken schmerzen weden, wenn ich verwundert feststelle, dass die Dose Leberwurst nach Thunfisch schmeckt.

Der Weise
Es stürmen Wellen in gischter Schäumung,
hinauf auf weichem Strand,
zerrinnen dann nach starker Bäumung,
erinnerungslos im Sand.
So kämpft vergebens nun seit Jahren,
das große Meer an flachen Küsten,
was will der Weise damit sagen?
Ich glaub nichts was wir schon wüssten.

Ein politisches Gedicht
Beim Staatsempfang kommt vorm verhandeln,
erst mal das übern Teppich wandeln,
und grad auf diesem langen Roten,
war eine kleine Maus am koten.
Und weil nun gerade dort der Kot
beträchtlich stört, schlug man sie tot.
Was haben wir daraus gelernt?
Wer Scheiße macht, der wird entfernt.

Neujahrsgedicht
Gute Vorsätze, so schön sie sind,
sie scheitern meist daran,
fängt dann son ganzes neues Jahr,
auch wieder nur mit Montag an.

Opti und Pessimist
Es ist nun einmal so wie's ist,
beim Opti und beim Pessimist,
der Eine der sieht's positiv,
beim Anderen da geht alles schief.
Obwohl, der Pessimist denkt immer,
ganz optimistisch – es wird schlimmer,
wie auch der Optimist ja dächte,
ganz pessimistisch übers Schlechte.
So hat man nun die Qual der Wahl,
ist man Opti oder Pessimist,
ich denk,
wie's kommt so kommt's nun mal,
drum bin ich wohl ein Kommunist.

Das Gedicht
Hab ich ein großes Werk kreiert,
wo wirklich alles harmoniert,
kommt's vor, dass man dann zu sich spricht,
„oh man, das iss ja'n Gedicht.
Zweite Version
Hab ich ein großes Werk kreiert,
wo wirklich alles harmoniert,
kommt's vor, das ich tief in mir drin,
das Gleiche denke wie vorhin.

In dem nun folgenden Märchen möchte ich einmal das tun was viele Märchenschreiber vor mir versäumt haben. Nämlich allen Beteiligten einen bürgerlichen Namen zu geben.
Damit also nicht so etwas passiert wie z. B. bei Rotkäppchen oder Schneeweißchen und Rosenrot, wo sich doch jeder fragt, wie hießen die eigentlich richtig.
Und da hab ich mir mal die Mühe gemacht bei dem Märchen von den 7 Geißlein, jeder Geiß einen Namen zu geben, wie auch die Zubereitung durch den Wolf zu beschreiben.
Ich beginne dort wo die Geißlein denken es ist das Mütterlein,
aber nein …

Es war der Wolf und nicht das Mütterlein,
Die Geißlein schrien: „der Wolf – das Schwein!!"
Und rannten durch Stube, Küche, Bad,
weil der Wolf das Gleiche tat.
Aber ach, schlimm endet dies,
denn die Brüder Grimm war'n fies,
wollten das ihm keins entfloh,
und laut Märchen war's auch so.

Namen und Zubereitung:

Der Wolf nun gar nicht lange fackelt,
Geiß Knut schon bald als Sülze wackelt
und auch am Harry wird's nicht hapern,
der wird zum Klops mit reichlich Kapern.
Dann kam Hilde, ja die brät er
und zum Hack macht er den Peter,

als fünfte Geiß nahm er Simone,
die war als Schaschlik auch nicht ohne,
und auf Silber angerichtet,
hat er den Werner dann vernichtet.
Nur Geiß 7, Namens Rolf,
der blieb unverletzt,
kam hervor und sprach zum Wolf:
„Dieter-Schatz, könn wir jetzt?"

Die Artbezeichnung bei den Tieren,
bezieht sich oft auf ihr krepieren.
Insekten glauben dieser Leere,
wenn überzeugt und voller Ehre
sie tollkühn in mein Sektglas fliegen
und der Feuchtigkeit erliegen.
Dem Namen pflichterfüllt verreckt,
ist kein Tot schöner als InSekt.

Jeder Lappe ja der werde,
bei der Auswahl seiner Herde,
stets nur jene aussortieren,
die am Ende sich Rentieren.

Luxus
Ach was könnt ich alles Sparen,
wenn da nicht der Luxus ward,
doch nicht mal den hab in den Jahren,
ich ein bisschen mir erspart.

Der Sprung

Machen wir uns nichts vor.
Manchmal gibt es im Leben Situationen wo
man sich so richtig zum Löffel macht und allen
Anderen die da lächelnd auf einen herab schauen
und sagen „Ne, was 'n Idiot" auch noch rechte
geben muss.
Im zarten Kindesalter kann man das ja noch mit
einem mitleidigen „ach herrje" oder
„ne, wie süß" abtun, aber mit 45 Jahren bricht
die volle verständnislose Abneigung über einem
herein die er verdient hat.
Wenn dieses Geschehen aber zur Selbstfindung
einer erleuchteten Altersweisheit führt, über den
Esoterischen Pfad durch's Yin und Yang,
so gelangt das asszendale Chakra im dritten Sonnenhaus oft zu einer spirituellen Weisheit wenn
der Pilger spricht: Der Weg ist das Ziel.
Oder ich will es mal einfacher formulieren.
Einmal im Jahr feiert man in Ludwigslust den
Techentiner Karneval. Techentin, ein kleiner
Vor- oder Nachort am Rande meiner Heimatstadt,
eine Hochburg des Frohsinns und der Narretei,
des Hallarmaschens und des Helaulierens.
Was für Köln der Gürzenich, so ist für Techentin
die ehemalige Wilhelm Pick Sporthalle der
Austragungsort ihrer Prunksitzungen.
Zu dieser wurde ich einmal geladen von
Menschen, die der Illusion erlagen,

ich könnte als Vortragskünstler gute Laune bei den Kleinstädtlern verbreiten.
Gott sei dank bezieht sich diese Geschichte nur auf das Vorgespräch mit den zuständigen Veranstaltern und nicht auf den kulturellen Hergang bzw. erzwungenen Abgang beim Auftritt des Vortragskünstlers.
Man traf sich eine Woche vorher zu informativen Gesprächen in der besagten Sporthalle die zu dem Zeitpunkt auch noch ihrer ursprünglichen Bestimmung nachkam.
Ich trat in diese Halle und sofort versetzte mich der Geruch von schwitzigen Trikots und alten Gummimatten in eine mir altbekannte Turnerwelt zurück.
Ja ich kenne diese Halle und ich habe hier einmal vor vielen, vielen Jahren sehr viel Zeit verbracht.
3 x die Woche Geräteturnen.
Ich glaube ich war gar nicht so schlecht, denn bei meinen Eltern liegen heute noch 'ne Menge Medaillen auf dem Dachboden und fast Hundert Urkunden im Waschkeller.
Diese Gold, Silber und Bronze Teile sind zwar durch die Familiären Krocket und Tischtennisturniere wieder erheblich ins In- und Umland verteilt worden, aber selbst wenn es nur noch eine gäbe, die Erinnerungen an jede ist geblieben. An dieses zähe trainieren, an diese Schmerzen beim Spagat und den Blasen an den Fingern vom Reck.

Und dieses Längspferd beim Sprung, über das die coolsten rüberhechteten ohne es zu berühren. Das war übrigens eines der beliebtesten Spielchen kurz bevor das Training beendet war.
Die Jungen Turnermädels saßen aufgereiht an der Anlaufstrecke um die damaligen Helden unserer Turnerriege anzuhimmeln.
Heiko Beltz, ein von der KJS (Kinder Jugend Sportschule) zurück gekommener, und ich weiß heute gar nicht mehr warum sie den überhaupt wieder zurück geschickt haben, hatte natürlich die ganzen Angeber-Tricks drauf.
Anlaufen – brillieren – sich feiern lassen.
Und dann stieg man auf den Siegerpodest, der im Mattenraum auf die Platzierten wartete.
Einmal da oben stehen, auf dem obersten Treppchen und das Pferd besiegt zu haben.
Das wär's gewesen.
Was ist schon ein Spartakiade Gold im Mehrkampf gegen einmal übers Pferd springen ohne anzufassen.
Ich mochte eigentlich den Sprung, ich mochte fliegen, am Boden mal 'n Salto machen, alles o.k., aber ich hatte auch immer Schiss.
Und ich war an der Reihe.
15 Meter Anlauf, Absprung, lang ziehen, strecken und stehen.
Ich wusste dass ich es konnte, aber ich wusste auch, dass sie alle zu sahen und was passieren würde wenn es doch nicht so war.

Wenn ich Rippenzerschmetternd in das Pferd laufen würde oder eine Kinnbremse auf die Matte hinlege, dass noch nachfolgende Generationen von bildhübschen Turnermädels über mich Lachen würden.
Und so stehe ich heute wieder an diesem Ort der Entscheidung, wieder in dieser Halle, nach all den Jahren und weiß das ich mir immer noch eine Antwort schuldig bin.
Hätte ich es wohl geschafft oder nicht?
„So Herr Lembcke, da hinten steht dann die Bühne und sie können ja den langen Gang durch die Mitte nehmen. Am besten direkt von da hinten wo dieses Sprungding steht."
Sprungding?
Da stand es wieder.
Aber diesmal nicht in Form eines prächtigen in Rauleder gebundenen Längspferdes sondern ein kleiner kurzer Plastick-Bock, wie man ihn zum Hocke oder Grätsche rüberspringen benutzt.
Ich hörte noch irgendwas vom Einzug der Garden, vom Prinzenpaar und dem Elferrat, aber das war nur noch Nebensache, denn ich spürte das da etwas auf mich wartete mit dem ich seit Jahren noch eine Rechnung offen hatte. Eine Mutprobe, oder vielleicht auch nur eine Leichtsinnigkeit die ich für alle Zeit bereuen könnte. Wenn ich aber das heute nicht für mich herausfinden und beenden würde, dann wird mich auch in zukünftigen Nächten der Geruch von schwitzigen Trikots und alten Gummimatten immer wieder aus dem Schlaf reißen.

Der leicht untersetzte Herr in dem viel zu kleinen Anzug war schon Ablauferklärend ein paar Schritte voraus gegangen, so das der Startbahn eines in die Jahre gekommenen Turners nichts mehr im Wege stand.

Gut, das Pferd war jetzt ungefähr auf 2 Meter weniger zu einem Bock zusammen geschrumpft, aber im Gegenzug war ich jetzt auch ungefähr 30 Jahre älter, was die Sache für mich absolut Fair wieder ausglich.

Ein weiterer Vorteil für mich schien der Überraschungsmoment zu sein, da keiner der hier sportlich Aktiven mit so einer vergangenheitsträchtigen Ausartung rechnen konnte.

Und so stand ich da, vor mir der Bock, das für mich immer noch längste Längspferd der Welt, daneben der Nichtsahnende Veranstalter,

und ich, der die Geschichte endlich zu Ende bringen wollte.

15 Meter Anlauf, aufgeteilt auf 30 Jahre, bei einer Sprunglänge von 2,50 Meter. Das könnte klappen. Das musste klappen.

Ich lief an, und es waren phantastische erste 8 Meter.

Die dann natürlich beginnenden alten Kniekapselprobleme versteckte ich sportlich hinter mein verbissenes Lächeln und auch auf den letzten Metern konnte ich den nie ausgeheilten Muskelfaserriss mit parallel verlaufendem Bandscheibenvorfall Lügen strafen, denn ich erreichte entgegen allen Erwartungen das Sprungbrett.

Und dann hob ich ab.
Und wie ich abhob. Engelsgleich, von aller Last befreit sah ich wie das alte zerplatzte DDR Turnhallenparkett sich unter mir immer weiter entfernte, die Turnermädels längst vergangener Bezirksriegen schauten fassungslos mit großen Augen zu mir hinauf, und es schien mir ein leichtes jetzt noch 'ne Schraube mit rein zu nehmen.
Und wie ich da so flog, durch die Halle meiner Kindheit, durch all die harten Trainingsstunden, durch den Schweiß und die Tränen, durch das Lachen und die Angst, da hatte ich dieses kleine Gefühl von Freiheit, von diesem einen Moment der meiner war. Es war alles Perfekt.
Der 15 Meter Anlauf, der Absprung, das lang ziehen und strecken, das segeln, das an Heiko Beltz vorbei fliegen, auch sah ich schon das Siegertreppchen, welches neugierig aus dem Mattenraum hervorschaute, und dann die Landung.
Diese unglaubliche Landung.
Ich glaube in meiner gesamten Turnerlaufbahn hat sich wohl noch keiner so auf die Schnauze gepackt wie ich.
Der alte Mann krachte in seiner nicht vorhandenen Körperspannung so auf die Matte ein, dass alle Schaumgummiproduzenten ihre Mattenproduktion ab jetzt verdoppeln müssten.
Da lag ich nun, mit dem Gesicht noch einen halben Meter hinter der Matte auf dem Packet abgebremst, und den Rest des Körpers
auf Grund der Schmerzen erstmal ignoriert.

Das jetzt erwartete hämische Gelächter der Jungturner blieb aus und nur ein völlig überforderter Veranstalter schaute schockiert auf mich herab und fragte: Herr Lembcke! Was sollte das denn?

Als ich durch mein Treppenhaus ging, in einer Art Rauschzustand von immer wieder auftauchenden Gesichtern in einer Turnhalle, von einem Auto das ich nicht anbekam, weil der Schlüssel noch in der Tür steckte, und von dem Kind auf der anderen Straßenseite das lachend auf mich zeigte, stand ich auf der Treppe und … tja und?

Mein anhaltender Schockzustand der immer noch für das verweigern komplexerer Gedankengänge zuständig war, ließ mich da erst mal stehen und wies mich auf die erwürdige Ruhe dieses alten Bonerwachsgetränkten Treppenhauses hin, dessen Stufen mir knarrend Trost spendeten.

„Alles in Ordnung", fragte mich eine Stimme die zu einem Kopftuch umhüllten Gesicht gehörte, das von dem gewindeartigen Treppengeländer einen Stock über mir herunterschaute.

„Ich weiß nicht", fuhr es aus mir heraus und genauso schnell auch wieder herein, denn ich hatte wirklich keine Ahnung von dem was ich da gerade mit mir angestellt hatte.

„Oh mein Gott, wie sehen sie denn aus!?"
Jetzt wären irgendwelche erfundenen und abenteuerlichen Schauergeschichten angebracht, um der Frau von oben die wohl verrückteste

Geschichte dieses Tages vorzuenthalten.
Doch in meiner Brachlandschaft von kreativen Ausreden stieg ein Quell der Wahrheit herauf um laut durchs Treppenhaus zu sprudeln.
„Ich bin gesprungen".
Das war alles.
Ja, ich bin gesprungen und ich habe mich voll auf die Fresse gepackt.
Aber egal ob ich mit 'ner 10.0 im felsenfesten Stand gelandet wäre oder ob genau das passierte, was dann auch passiert ist,
das entscheidende war doch das ich los gelaufen bin und das ich absprang, um dieses Pferd mit seiner ewigen Frage hinter mich zu bringen.
Egal wie immer es auch ausgehen mochte,
denn wie floskelte ich schon zu Beginn dieser Geschichte? Der Weg ist das Ziel.
Und so ging ich humpelnd die Treppen hinauf, vorbei an der Frau mit dem Kopftuch, vorbei an den hübschen Turnermädels die mich staunend betrachteten und vorbei an Heiko Beltz.
Hinauf bis zur letzten Stufe mit dem schönen Gefühl das mein Sprung erst jetzt wirklich hier zur Landung kam.
Hier auf meinem obersten Treppchen.

(…und in der Ferne wieherte stolz ein Ross)

Jedem Pferdefreund missfällt,
verliert beim Rennen er viel Geld,
doch Schuld hat er alleine, denn
warum muss er auch so renn.

Wie Gott die Tiere erschuf
Der Tausendfüssler
Ein Würmchen hat 'nen Wurm sehr lieb,
war der auch größer als das Kleine,
doch Gott sprach: lass mein Ding du Typ,
sonst mache ich dir Beine.

Gedicht über Gedichte
Da sind die kurzen und die langen,
mal traurig und mal fröhlich,
mal ausgelassen, mal befangen,
zufrieden oder nölich.
Dann die vom hassen und vom lieben,
von geben oder Gier,
von Strolchen, Gaunern oder Dieben,
und Menschen so wie wir.
Von schönen Tagen, grauen Nächten,
von Goethe oder Heine,
und leider gibt's da auch die schlechten,
doch Gott sei dank auch meine.
Dann gibt's welche die beschrei'm,
was Gutes oder Fieses,
und solche die sich hinten reim,
und auch so eins wie das.

Toilettengedicht
Der Poet
Er drückt sich aus
mit schönem Worte,
mit Wohlklang
und mit Alphabet,
doch drückt er mal
von anderer Sorte,
braucht er noch nicht einmal
das et.

Für das Deo „Foto" von Karl Lagerfeld
Von Lagerfeld ne duft'ne Flasche,
brauch ich nicht für meine Masche,
denn ich hab oft schon festgestellt,
das sie auch so in mein Lager feld.

Wenn ich nachts nicht schlafen kann,
fange ich zu dichten an,
weil gerade jetzt hat man in Massen,
Zeit um etwas zu verfassen.
Nur ist das Dumme bei der Sache,
wenn ich so spät noch Reime mache,
das ich am Ende leider denn,
die Pointe meist verpenn.

In dieser kleinen Stadt

Ich bin echter Mecklenburger und komme aus einer Kleinstadt die ihren Namen zu Recht trägt. Denn in Ludwigslust fand schon seit meiner frühesten Kindheit immer alles im klein' statt. Der alljährliche Rummel auf dem Schlossplatz, als wir 13-jährigen Burschen möglichst cool an der Walzerbahn standen und sehnsüchtig den kreischenden Mädels in den vorbei fliegenden Schiffchen hinterher sahen, oder diese friedlichen und eintrachtgeschwängerten Sonntage die nur vom Klang jaulender Kreissägen und bellender Nachbarhunde unterbrochen wurden, und auch die Morgende am 1. Mai, wenn Mutter und Vater mit roter Nelke in das aufgebrachte Städtchen zogen aus dem es von knarrenden Lautsprechern her kampfentschlossen Parolte.
Das war meine kleine Stadt.
Eine Stadt die es so nicht mehr gibt.
Dieses Kleinod von braven Bürgern mit seinen Alltäglichkeiten, dieses kleine, fleißig pochende Herz im abgeschirmten Grün dem ich die Sorglosigkeit meiner Kindheit verdanke.
Und all das Unheil dieser Welt scheint mir aus heutiger Sicht nie über die alten Stadtmauern aus schwarzem Raseneisenstein gekommen zu sein.
Und doch gab es auch hier immer wieder Eindringlinge die unser beschauliches Leben heimsuchten.

Die alten grünen Fensterläden quietschen beim schließen und scheppernde Eisenriegel erklingen als Schlussakkord eines schönen Tages der eben grad in dem Abendsonne durchfluteten Kinderzimmer sein Ende fand.
Das Dunkel, das seine schwarzen Arme über den Spielzeugbeladenen Teppich warf und den mit Wäsche zugedeckten Stuhl gleich mit Verschlang, versucht sich in die Augen eines kleinen Jungens einzuschleichen der schwer bemüht war mit dem wenig vorhandenen Restlicht in dem Zimmer sehen zu können.
Noch ist der Tag zu gegen, noch hallt er an den Wänden, mit Kindergeschrei, mit toben und krachen, noch spürt man diesen ganzen langen Tag auf der Haut und alles wert sich da gegen ihn verlassen zu müssen, jetzt einzuschlafen.
Doch dieser Verbündete wird spätestens dann, wenn die Stimmen auf dem Hof verstummt sind und das Haus ruhig wird, keine Hilfe mehr sein können.
Wenn sie kommen, die Monster aus der Nacht.
Die Uhr tickt.
An den Wänden huschen immer wieder Autolichter vorüber, die sich durch die kleinen Schlitze der Fensterläden zwängen, hinein in das Zimmer in dem der kleine Junge sich bereits in die einzig funktionierende Monsterangriffsschutzposition begeben hat die in solchen Fällen Sinn macht.
Decke bis unter die Augen.

Ganz wichtig auch, was natürlich jeder 5 bis 8-Jährige instinktiv weiß, ist das komplette zudecken aller Extremitäten.

Denn sobald auch nur das kleinste Stückchen Fuß aus der Bettdecke hervor guckt werden sie danach schnappen und dich in die Dunkelheit verschleppen.

Die volle Ausnutzung der Bettdeckenabdeckkapazität erhöht schon mal die Wahrscheinlichkeit vom Erreichen des Tageslichtes.

Warum diese Decke wie ein Schutz-Ring aus zerbröselten Hostien, geweihtem Wasser, Knoblauch oder magischen Zeichen wirkt ist noch unklar, aber so banale Sachen wie eine Gänsefederallergie oder Waschmittelunverträglichkeit sollte man ruhig mal andenken.

Im Schutz der Decke heißt es jetzt aber, nicht leichtsinnig werden.

Ein weiterer wichtiger Punkt ist das beobachten. Die hinlänglich gängige Theorie, dass diese Wesen sich unter dem Bett verstecken, war zumindest in meinem Zimmer, nicht in die Praxis umsetzbar.

Der hohe Spielzeuganteil unter dem Bett und die Art wie es da lag, von Familie Hempel oft zitiert, gab mir die Gewissheit, das wenn sich da noch ein Monster zwischen quetschen würde, es nicht sehr groß sein könnte. Jedenfalls nicht so groß um einen ausgewachsenen 8-Jährigen in die Dunkelheit weg ziehen zu können.

So kann ich hier schon mal alle Eltern damit
beruhigen, dass die oft völlig falsch verstandene
Unordentlichkeit ihres Kindes, nur auf den
starken Lebenswillen ihres Sprösslings und
dessen Kampfgeist gegen das Böse beruht.
Also, das Bett bleibt hier sicherster Dreh- und
Angelpunkt des Geschehens.
Und von dort aus wird agiert und beobachtet.
Der schwere Türvorhang aus grünem Filz wird
von der kalt aufströmenden Luft, die sich zäh
unter dem Türspalt nach oben arbeitet,
hin und her bewegt.
Für viele Kita-Kids wäre dies schon Grund genug
für eine sauber durchgeführte Panikattacke.
Nicht aber für den Jungen in diesem Zimmer.
Er war Erstklässler und da weiß man warum
Vorhänge sich bewegen.
Das macht kein Geist, das macht Physik.
Die Naivität, das Verwirrspiel zwischen
Parapsychologie und Telekinese, die ihn in
seinem ersten Schuljahr durch Wissenseifer
abhanden gekommen war, lässt ihn Zeit seine
Aufmerksamkeit auf viel wichtigere Dinge
zu lenken.
Dem Stuhl.
Eine mit Sicherheit absolut glaubhafte Vermutung
ist die Annahme, dass diese Kinderzimmermonster
perfekte Formwandler sind.

Denn was eben noch im Schattenriss ein
normal beladener Stuhl aus Kleidungstücken
war, die man sorgsam auf Sitz, Arm und Rücken-
lehne geschmissen hatte, da wird durch diesen
„Stuhl" bei genauerem betrachten die Welt der
Monster und Fabelwesen sichtbar.
Ein Stuhl mit Hose, Hemd und Schlüpfer war für
mich seit jeher schon das Tor zu einer anderen
Welt.
Für meine Mutter übrigens auch, wenn der
Schlüpfer mal wieder … na ja,
aber wer das verstanden hatte wusste,
wie er sicher durch die Nacht kam.
Und da lag nun dieser Junge in seinem Bett,
die Decke bis nach oben gezogen,
(sich darunter verstecken machen übrigens nur
Kinderdarsteller in drittklassigen Gruselfilmen),
und er wartete auf den Moment bis sich
das Wäschemonster selbst verriet.
Bis sich ein Arm oder Bein aus dem dunklen
Wust von Sachen abbildete, bis er den Kopf
erkennen konnte dessen Augen sich gleich jeden
Moment blutig rot öffnen würden und gierig nach
ihm schauten.
Wartete bis sich das schwarze Wesen endlich
aus dem Stuhl erhebt und all die grausigen
Geschichten vom Buhlemann Wahrheit werden
lässt. Bis man ihn fortholt in ein dunkles, dunkles
Land und nie wieder zurück bringt. Fern von zu
Haus, fern von allem was ihm lieb war.

Und er wartete und wartete und schlief ein.
Wie er jedes Mal wieder einschlief,
ohne zu wissen ob sie wirklich jemals
gekommen sind.
In dieses kleine friedliche Städtchen,
mit seinem Rummel und der Walzerbahn,
seinen Sonntagen, und dem 1,2,3
es lebe der 1. Mai.
Eine Stadt, die es so nicht mehr gibt.

Sommerregen

Es viel ein warmer, sanfter Regen,
begrub den Wald in sich,
auf nassen Blättern glänzt sein Segen,
durch die ein Sommer schlich.

Es atmet tief im feuchten Moose,
ein Duft vom Herbst der Zeit,
es neigt die letzte wilde Rose
zum Abschied sich im Perlenkleid.

Und aus dem Dunst von weißen Schwaden,
dort zieht ein Waldsee die Kontur,
von Bildern die sich in mich graben,
des Meisters Hand ist die Natur.

Er lädt auf's neu die Mückenschwärme,
zum Tanze mit den schwebenden Pollen,
die dann, spiegeln im See sich Sterne,
ein neues Ende finden sollen.

Die Nacht sie schaut zum Fenster rein,
ich lieg mit dir im Keller,
doch sieht die nichts will ich mal mein,
denn hier ist's auch nicht heller.

Hetzen, streiten und so weiter,
sind des Tages Wegbegleiter,
die, tut dieser sich dann neigen,
meist als Müdigkeit sich zeigen.
Langsam schweren sich die Lieder,
müde fällt er dann hernieder,
auf sein Lager, gähnt noch mal,
und taucht ins Traumland seiner Wahl.
Da nun sicher angekommen
und dem Alltag so entronnen,
verträumt bis morgens sich die Zeit er,
mit hetzen, streiten und so weiter.

Zimmergedicht
Es zieht der Wind hier mit Gesause,
es tröpfelt auch des Dusches Brause,
so leb ich hier Tag ein, Tag aus,
wie man so sagt in Saus und Braus.

Der Schmetterling
Ein Bübchen das durch Wiesen ging
sah einen kleinen Schmetterling,
der fröhlich dort mit bunter Pracht
in warmer Luft sein Tänzchen macht.
Und der Kleine sprach; he, ich jag dir nach!
Aus dem Buben wurd ein Mann,
und auch der sah irgendwann
seinen Freund aus Kindertagen,
sich stolz und schön durch Lüfte tragen.
Und der Mann er sprach; he, ich geh dir nach.
Nach vielen Jahren, im hohen Alter,
sah er wieder seinen Falter,
mit staubigen Flügeln die erblassten,
an der Wand in einem Kasten.
Und der Alte sprach; he, ich komm dir nach.

Das Tor Noah
Schon lang bevor es Fußball gab,
auf mütterlicher Erden,
da sprach wohl einst der Herr herab,
Noah soll Torwart werden.
Anders kann ich's mir nicht erklären,
was in der Bibel sie verfassten,
ward ihm doch Kund durch unsern Herren:
„ich stürm gleich, geh in Kasten!"

Das Wort Gottes

Da der damalige Datentransfer nur auf wenige abgewälzt wurde die hinaus in die Welt zogen, das Wort Gottes zu verbreiten, hat hier wahrscheinlich das Stille Post-Prinzip zugeschlagen.
Was wollte Gott wirklich? Beruht Religion und Glaube vielleicht nur auf einen dummen Übertragungsfehler.
Ein Junger Priester und Hobby-Exorsist fragt nach.

Vater, gib mir zu verstehen,
was sich meiner nicht erschließt,
warum ließest du entstehen,
was auch auf schlechten Wegen sprießt?
Im Seelenheil zerrinnt die Wunde,
des Glaubens Stärke wiegt in Gold,
doch steht dein Kreuz auf dessen Grunde
von einem der's nicht so gewollt.
Das Himmelstor vorm Höllenreich,
die Guten und die Bösen,
war es Gottes Bubenstreich
getrennt uns zu erlösen.
Spür ich Gutes und auch Schlechtes,
zweier Leben sind in mir,
eines möchte nur alles Rechtes,
das Andere strebt nach Hass und Gier.
Kann mich beiden nicht erwähren,
müßig wart die gute Tat,
weil Gedanken sich erschweren
mit dem was untersagt mir ward.

Oh könnt ich lasterhaftes Denken,
das wie ein Pflog durch's Herz mir treibt,
in Krüge ferchen und versenken,
wär's klarer Friede der mir bleibt.
Denn es sind nicht Gottes Züge
die sich meiner anerzieh'n,
Satan weiß sich zu genüge
meiner Schwächen zu bedien.
Schon spür ich wieder sein erheben
aus meiner Seele tiefstem Grund,
mir die Sinne aufzugeben
und tu seiner Euch nun kund.
Sprecht aus mir ihr bösen Mächte,
macht Euch meiner Stimme Herr,
doch wird mein Wort Euch auch zum Knechte,
des Gottes Herz wird's nimmer mehr.
Höllenfeuer peitscht die Glieder,
ungeweihtes Blut quillt mir,
heidnisch fällt das Kreuz im Fieber,
willig dem gehörnten Tier.
Töricht wirbelt ihr Gedanken
Tausend Käfer mir im Kopf,
die giftig mir das Hirn erkranken,
würg's heraus wenn ich's nicht stopf!
Oh Gott ich spühr's, er kommt hernieder …

„wohl an, hinfort dem guten Ort,
zum Hexensabatt schwarzen Flieder"

schnürt mir die Stimme, lähmt das Wort!!!

„Lass den Heiland sich begraben,
eins und eins, geb nichts dafür,
Mutter spielt mit schwarzen Farben,
Belzebub klopft an die Tür!"

Oh Nein, erbarmen!!!!

„Lass die Fenster offen stehn,
übers Feld wird Nebel wehn".

Oh Gott!!!

„Wer ist Gott?!?!
Trübnis, speichelleckender Pfaffen,
macht den Pöbel sich zur Kunst,
mit falschem Worte Glanz zu schaffen,
buhlt nicht um der Beichte Gunst!"
In Goldgetränkten Kathedralen,
wo Gottes Werk an Wollust krankt,
hier muss für Glauben man bezahlen,
sonst wird gepeinigt und verbrannt.
So ruft die Hallelujalüge,
hinauf bis zu des Engelshöhen,
doch wird Verrat und wird Intrige,
dem Pilger stets im Wege stehen.
Was nützt mir jedes Wort der Bibel,
wenn ich stets an die Beichttür klopf,
so hängt doch unterm Kirchengibel,
das Jesu Kreuz längst auf dem Kopf.

*Komm her du Gott, erkläre dich,
dein Himmelswerk, dein tun, dein sein,
was ist der Grund für alles, sprich,
lass deine Schäfchen nicht allein!!*

…Oh Herr, bin deiner würdig nicht,
die Hölle geißelt mir den Sinn,
komm fülle mich mit deinem Licht,
und sprich wie einst zu Anbeginn.
Oh ja, ich spür dein Wort ist nah,
das mir die Welt es von den Lippen lese,

*…hallo, ja hier ist Gott noch ma,
wo bleibt die Pizza mit extra Käse?*

Winter
*Grau liegt auf dem Weg der Sonne,
Luft riecht nach Kristallen,
kahle Äste greifen Wolken,
die Tausendfach zerfallen.
Krächzend schrammt der Ruf von Krähen,
an klirrend kalter Luft,
das weiße Feld befleckt mit Rehen,
erfriert den letzten Duft.
Die Zeit sie liegt wie Eis in Watte,
ein Sommer war ihr Preis,
was Klänge und was Farben hatte,
beendet sich ganz leis.*

Zweifel (ein Wende-Gedicht)
Zukunftsklänge falsch geortet,
blind und stur erlahmt das Glück,
Zweifel wurden angehortet
und sie nehmen nichts zurück.
Selbstverrat an Glanz und Glimmer,
eigne Werte abgesetzt,
große Welt du wirst zum Zimmer,
hat dein Trugbild sich verletzt.
An Gedanken und Gefühlen,
an dem Schmerz der Wirklichkeit,
doch nur das kann Sinne kühlen,
die verbrennen an der Zeit.
So lass den Abschied mir verheilen,
dankbar für die Narben,
denn auch ein Rückstoß heist zuweilen,
sich bewegt zu haben.

Ruhemomente
Auf der Sandbank unserer Zeit,
wo die Wellen schwächer werden,
treibt in Ruhe alles Leid
und zerfließen die Beschwerden.
Klares Wasser bis zum Grunde,
es erwärmt sich jedes Stück,
doch bald schon zieht der Strom die Runde
in's kühle, trübe Meer zurück.

Es ist nicht immer grad sehr wichtig,
ob was Falsch ist oder Richtig,
denn was nur zählt ist eigentlich,
man glaubt fest drann.
Oder nich?

Frau Pöschlich
Frau Pöschlich war 'ne ganz fidele,
herzensgute treue Seele,
und jeder der Frau Pöschlich kannte,
nannte sie die gute Tante.
Kein ach und weh und all dies klagen
hörte man je von ihr sagen,
mit aller Welt war sie geduldig,
keinem war sie etwas schuldig.
Nur eines das bereut sie heute,
das sie sich damals noch so scheute
und den Willi nicht erhörte,
der ihr seine Liebe schwörte.
Ach könnte das noch mal geschehen
sie würde sofort mit ihm gehen.
Und wirklich, durch des Schicksals schlages,
da sah sie eines schönen Tages
ihn auf der Straße gegenüber,
sie lief zu ihm, man fuhr sie über.
Frau Pöschlich blieb 'ne ganz fiedele,
herzensgute, treue Seele.

Die Frau im Fenster

Ich kam aus meiner Haustür und sah sie oft dort sitzen.
Die Frau im Fenster, die mir zuwinkte, aus ihrem kleinen Kaffee das eine Welt für mich aufrecht erhielt wie ich sie noch aus meinen Kindertagen kannte.
Wenn ich in die alte Bäckerei kam, die noch so schön nach Brötchen roch, mit seinen krummen Holzregalen und der Ladenglocke die mich jedes Mal freudig über meinem Kopf begrüßte.
Der Milchladen, der mich noch die Kunst des Milchkanne Kreisens mit gestrecktem Arm leerte.
Dieses romantische Bild in mir, vom kalten Novembermorgen, an dem ein kleiner
Junge die Straße hinauf lief und die magische Zahl von 10 Umdrehungen schaffte.
Oft stehe ich heute vor einem Kühlregal und schaue Gelangweilt auf eine Milch im Tetrapack.
Und dann ist es schön sie wieder im Fenster zu sehen, die Frau in ihrem Eckkaffee,
das so voll war von schönen Dingen die es vermochten die Zeit festzuhalten.
Die alten Koffer in denen man noch das Signalhorn einstiger Ozeanriesen zu hören meinte und das kreischen der Möwen, vergilbte Bilder von „Kaffeehäusern im Sommer",
die das leise klirren goldener Kuchengabeln
in sich fest hielten, und ein verstaubtes Ballettkleid von dem jedes kleine Mädchen denken würde,

das darin einmal eine wunderschöne traurige
Ballerina getanzt hat.
Ich war einige male dort, weil sie mich auf
einen Kaffee einlud, weil wir an irgendwelchen
Wortratespielen einer monatlichen Illustrierten
verzweifelten oder auch weil sie meinem Prinzen
Scholli einfach mal sein Königliches Hemd wieder
heil nähte.
Sie hätte für diese Handpuppe auch dem Stande
gerecht Fanfaren erschallen lassen können, wie sie
es für mich tat, wenn sie trompetend in ihrer Tür
stand und mich zu anstehenden Auftritten in die
Spur posaunte. Aber Prinz Scholli hatte so etwas
nicht nötig.
Und so hat sie vieles gemacht von dem mir eines
aber als das schönste und wichtigste erschien.
Sie konnte erzählen.
Dies tat sie aber nicht mit der Verschnörkelung
ganz wundersamer Dinge, oder mit der
Unglaublichkeit die einem Aug und Ohr
zerreißen lässt.
Nein. Sie tat es einfach so.
Und obwohl man aber genau all diese Dinge zu
hören glaubte, war doch alles so ganz anders.
So ganz einfach, was zwischen die Welt einer
Tasse Kaffee und einer Schachtel Zigaretten passte.
Es waren die persönlichen und unberauschten
Ansichten von einem Leben im Leben,
verpackt in eine Rauch getönte Stimme und
einem Wortwitz den sie oft hinter ihren dunklen
Augen verborgen hielt.

Diese kleinen Geschichten vom verteilten Glück,
von zerlebten Jahren und einer verwunschenen
Hoffnung vom Morgen.
Sie saß da, und wenn sie erzählte schien es so
als würden sie alle zuhören, die Gäste in ihren
Kaffeehäusern, die traurige Ballerina und ein
Fernwehkranker Herr in kariertem Jackett und
Melone.
In diesem Kaffe das so schön nach Zeit und
schwarzem Kaffee roch.
Doch auch hier blieb die Ewigkeit nicht für immer.
Eines Tages war die Frau im Fenster nicht mehr da,
die Scheiben blieben dunkel und diese Geschichte
wäre in einer schönen Wehmut geendet wenn …
ja, wenn.
Aber so war es nicht. Und so war Sie nicht.
Tage später waren die Tische fort, die Wände
leer und das Kaffeeschild vor der Tür abgehangen.
Ein Kunstgewerbeladen mit modernen Grafiken
und zeitgenössischer Plastik stellt dort aus.
Sie hat ihren Laden verkauft und es geht ihr gut,
das sagt sie mir zumindest wenn ich sie in der
Stadt treffe, und sie kann sich jetzt endlich Dinge
erfüllen die früher nur Geschichten waren.
Manchmal stehe ich oben an meinem Fenster
und schaue hinunter, dahin wo das kleine Kaffee
am Eck war, und wieder ist es erfüllt vom warmen
Lichtschein der Kerzen und vom Stimmgewirr
das sich in warmen Sommernächten
auf die Straße legte.
Dieses kleine Leuchten im dunklen Häusermeer.

Vielleicht gibt es ja irgendwo eine alte verwinkelte Gasse, wo sie alle noch stehen, diese kleinen Läden. Eine Gasse die erfüllt ist mit dem fröhlichen klingeln von Ladenbimmeln und dem klappern von silbernen, verbeulten Milchkannen.
Und am Ende dieser Gasse gibt es ein Kaffee.
An den gedeckten Tischen sitzen Gäste in einer geselligen Kaffeekränzchenlaune und lächeln hin und wieder zu diesem jungen Liebespaar herüber das Händchen haltend in einer Ecke sitzt.
Und er wird nun für alle Zeit bei ihr bleiben, bei diesem glücklich, lächelnden Mädchen im Ballettkleid.
Na ja, aber natürlich ist das auch alles nur ein schöner Gedanke und ich gehe in meine Küche, werfe einen Taps in meine Senseo-Kaffeemaschine und weiß, dass er nicht schmecken wird.
Nur einer bleibt noch am Fenster stehen, drückt sein kleines Gesicht gegen die Scheibe und zupft traurig an seinem Prinzenhemd.

Der Sinn 'ner Kerze ist sehr schlicht,
wenn keiner will macht sie das Licht.
Bei Stromausfall und anderen Gründen,
kann man sie dicht beim Feuer finden,
mit dem sie, durch die Nacht nebst Schwärze,
das macht was man so macht als Kerze.
Und das sie so was fertig kricht,
ist Grund genug für ein Gedicht.

Die Kerze

Man nimmt ein Seil, das wenn man's misst,
an beiden Seiten gleich lang ist
und fädelt dieses dann mal eben
durch Löcher die mit Wachs umgeben.
Die Kerzenform ist dann erreicht,
wenn's äußerlich 'ner Kerze gleicht
worauf man sie, wie's ein beliebt,
mit reichlich Dunkelheit umgibt.
Wird's trotz der Kerze nicht gleich heller
nimmt man oft Feuer, dann geht's schneller,
obwohl ich hab's noch nie gemocht,
geht man mir ziemlich auf den Docht,
doch besser ist das wenn sie brennt,
weil man sie hier sonst schlecht erkennt.
Nun, durch die Hitze kann's passieren,
das Kerzen kräftig transpirieren,
dies sammelt sich dann im Gelände
des Auffangbeckens oberes Ende,
aus dem es meist durch ein Defekt,
als Kerzenwachs herunterleckt.

Was nun passiert versteht wohl keiner,
obwohl sie wächst wird sie stets kleiner,
bis sie dann irgendwann verglimmt,
was ihr auch keiner übel nimmt.
Wenn sie auch Arm ihr Ende fand,
runtergekommen und abgebrannt,
so schien sie mir doch reich an Wärme
als Lichtblick in der dunklen Ferne.
Und das sie so was macht das Ehrt 'se,
es ging ein Freund, nie wieder Kert 'se.

Stürzt man im 10. Stock vom Dach,
dann macht das sicher sehr viel Krach,
der Aufschlag und davor das schrein,
doch dann will's wieder keiner gewesen sein.

Wenn 1 ner, oder 2,
oder meinetwegen auch noch 3,
8-händig spielen auf dem Klavier,
na dann warn's 4.

Wandere ich am Meer,
dem langen, nassen,
denk ich in Anbetracht der Massen,
links von mir da ist das Meer,
und rechts da ist das weniger.

Für mich ist jeder Fisch ein Zombie,
denn zu ihrem Dasein komm die,
in den Seen und auch Teichen,
doch erst durch Leichen.

Meine Liebste fragte einst,
vermisst du mich auch mal,
ich sprach zu ihr, tja wenn du meinst,
und holte das Lineal.

Tischgebet in der Gaststätte
Lieber Herr!
Wir danken dir für all den Kram,
der reichlich auf den Tisch hier kam,
und nehmen den jetzt in Gebrauch.
„Hauptsache du bezahlst das auch."

Der Koi – Karpfenzüchter
Er koift sich Karpfen gleich angro,
fing an mit ein, nun sind's schon zwo,
und wieder koift er Kois für Teuer,
er iss nun mal ein Wiederkoier.

Du mein Morgen

Ein Sternenleuchten in den Augen,
und jedes Lächeln liegt wie Tau,
in Perlen vor dem schönen Tage,
erwartungsvoll im Morgengrau.
Und jede Trauer, jedes Schweigen,
zerfällt wie Nebel auf den Wegen,
wenn Sonnenstrahlen deiner Worte
sich wärmend auf die Seele legen.
Entfachst das Leben der Gefühle
und blühst den Kopf mir auf,
verbreitest dich mit deiner Nähe,
der ich entgegen lauf.
Durch grüne Wiesen deiner Hände,
am Himmel wird ein Herz gemalt,
der Sonne gleich alles bewegend,
hast mich nun völlig überstrahlt.
Das jeder Tag nur so beginne,
und niemals anders aufgewacht,
als verliebt im Morgen meiner Sinne,
der mich die Nacht vergessen macht.

Muscheln

Ich habe eine kleine Tochter die heißt Amelie. Als wir in diesem verregneten Sommer 2011 in Neustadt Glewe baden waren, einem der wohl saubersten Seen bei Ludwigslust, wo man selbst noch bei 4 Metern Wassertiefe bis auf den Grund sehen kann, machte eben diese besagte Tochter eine erstaunliche Feststellung mit angesetztem Fragezeichen.
Warum gibt es im Neustädter See keine Muscheln?
„Weil wir hier nicht an 'ne Ostsee sind Mausi, dat iss 'n Binnsee, die könn sowat nich"!
Mit dieser Antwort hätte ich die neugierige Wortmeldung kindgerecht zur Seite gedrückt und mich wieder auf das Memmenhafte eintauchen meines Genitalbereiches in das 18 Grad kalte Wasser konzentrieren können. Ich bin ja so 'n Warmduscher, der ewig braucht bis er im Wasser ist, zumal mein Genitalbereich vom Knie bis zum Bauchnabel geht. Doch als liebender Vater, was mir bei dieser Knaller Tochter ein leichtes ist, versuche ich natürlich mit anschaulichen und pätagogisch wertvollen Beispielen dem Kind die Welt der Erwachsenen und Meeresbewohner zu erklären. Also pass auf Kleines, wenn ich jetzt hier 'ne Muschel hätte, wie du sie von Timmendorf kennst (die einheimischen „mein gedeckter Poetisch Käufer" wissen wo das ist), und würde jetzt diese Muschel hier im See aussetzen, dann würde man sehr schnell feststellen das die 'ne ziemlich folgenschwere Süßwasser-Allergie hat.

Selber welche zu produzieren, dafür ist der See zu
ungeschickt oder aber auch einfach nur zu doof,
denn die Ostsee ist zu weit weg um sich da ein
paar brauchbare Tricks zur hauseigenen Muschel-
produktion abgucken zu können.
Das ist halt nur 'n Binnsee.
Was weiß der schon von der großen, weiten Welt,
oder den endlos langen, sexuell aktiveren Meeres-
stränden wo es von Muscheln nur so wimmelt.
Ich glaube meine Kleine hatte nichts von dem
komischen Zeug verstanden was ich ihr da gerade
Weiß machen wollte, doch sie war Gott sei dank
Intelligent genug nicht weiter nachzufragen.
Das Thema wäre somit für beide Parteien unbefrie-
digt zu einem guten Ergebnis gekommen, wenn da
nicht 2 Wochen später bei Lidl diese Plastiksäck-
chen mit Muscheln im Angebot gewesen wären.
Echte Ostseemuscheln für 1 Euro.
Ich weis nicht warum ich so was machen muss,
warum ich plötzlich Bilder in mir sehe von Per-
sonen die andere Menschen in spitzbübischer
Absicht verwirren wollen, getrieben von einer Art
Spass oder Beklopptheit, die aber erst so viele
Dinge schön sein lässt.
Unvergänglich und für alle Zeit mein Eigen. Ich
sah mich mit meinem Töchterchen am Neustädter
See umherlaufen, wie wir plasticksäckchenweise
Salzwassermuscheln auf dem Strand verteilten und
wie wir vom Steg aus ein Herr von Landesinnern
unbekannten Fremdkalklingen in den Schwimmer-
und Nichtschwimmerbereich versenkten.

Mit einer Binnenwasserverwirrung die ihres Gleichen suchte.
Und genau das haben wir dann auch getan.
Es war am Sonntagmorgen dem 2. Oktober 2011 um 9.00 Uhr.
Der Strand mit angrenzender Bademöglichkeit gehörte uns ganz allein, da um diese Urzeit noch kein potenzieller Urlauber sich genötigt fühlt sein Handtuch auf eine leer stehende Sonnenliege zu verteilen, was aber auch Neustadt untypisch wäre.
Auch die Idee, mal nachzuschauen ob nicht irgendwelche Frühaufsteher Salzwassermuscheln in den Süßwassersee warfen, wich schon im Ansatz einer nicht vorhandenen Vorstellungskraft für romantisch, verträumten Blödsinn.
Und so war die nächste halbe Stunde geprägt von kleinen Blups die fröhlich auf der Wasseroberfläche tanzten und den weißen Muscheln hinterher sahen die schwebend zu Boden sanken.
In diesem höchst meditativen Moment sah ich bereits schon die Schlagzeilen auf den Titelblättern der örtlichen Weltpresse, die ab Morgen jedem Zeitungsburschen gierig aus der Hand gerissen werden.
Rätselhafte Muschelinvasion am Neustädter See.
Auch sah ich schon am Strand die Zelte stehen in denen man Forschungslabore eingerichtet hatte, vermummte Menschen in weißen Konterminationsanzügen und Hubschrauber die über dem See kreisten.

Die unauffälligen, gut gekleideten schwarzen Männer, die aus ihren fetten Limosinen mit den getöhnten Scheiben stiegen, versuchten vergebens der aufgebrachten Bevölkerung ihre Vertuschungslüge unterzujubeln. Und zwischen all dem geschäftigen Treiben an einem See der gestern noch ein ganz normaler Badeort im schönen Mecklenburg-Vorpommern war, steht ein Vater mit seiner Tochter und versteckt drei leere Plastiksäckchen hinter dem Rücken.
Natürlich machen sich bei mir nun auch Gewissensbisse breit, da ich durch das veröffentlichen dieser Geschichte das sperren meiner noch gültigen 10-ner Badekarte riskiere und natürlich wird auch jeder Kinderratgeber dieses Werk mit meinem literarischen Outing auf die Liste der verbotenen Bücher setzen. Aber als amtierender Vater habe ich feststellen müssen, dass gerade solche gut gemeinten, kriminellen Restenergien bei den Kleinen mehr Eindruck machen als jeder Kinobesuch. So groß kann keine Kugel Eis sein, dass man dieses Quatschkramzeug damit Toppen könnte.
Ich erinnere mich noch an diesen Fernsehagabend als in einer getorkten Prommirunde das Wort Klingelstreich fiel.
Wie sollte ich nun meiner aufhorchenden Tochter, die dieser beliebten Freizeitbeschäftigung meiner Kindertage noch nie nachgegangen war diesen Vorgang erklären?
Natürlich an einem praktischen Beispiel.

Wir fuhren auf den Dreesch, einer der größten noch praktizierenden DDR-Plattenbauten in Schwerin.
Das Klingelstreich Mekka für Jung gebliebene.
Die sehr schlicht gehaltenen Spielregeln, drücken, weg laufen und kichern wurden wie nicht anders zu erwarten, von meiner Tochter schon nach kurzer Zeit mit Bravur gemeistert, so das wir vom sportlichen Ergeiz getrieben neue Regeln erfanden. Zum Beispiel Kingeln und raten in welchem Fenster das Licht angeht, oder die sich daraus ergebene Königsdisziplin, durch bestimmte Klingelkombinationen mit den erleuchteten Fenstern schicke Lichtmuster auf die graue Plattenbaufassade zu zaubern.
So im Sinne von, jetzt klingeln wir mal ein Viereck.
Ein Spaß der durchaus die Kreativität und das Kunstverständnis des Kindes spielerisch fördert.
Also liebe Papis und Vatis, wenn uns auch oft die Petagogik im Wege steht, doch die kleinen fahren immer noch genauso auf den ganzen verbotenen Scheiß ab wie wir früher und wer kann sich denn schon noch an seinen ersten Pioniernachmittag erinnern.
Also, das mit den Muscheln war 'ne super Sache, zumal auch in keiner mir bekannten Badeverordnung das verteilen von Muscheln untersagt war.
Wir fuhren wieder heim und ich hatte das Gefühl meine Vater-Tochterbeziehung für alle Zeit in diesem See verewigt zu haben.

Und wenn dann irgendwann mal in vielen Jahren ein kleines Kind fragen wird, Mama warum gibt es eigentlich im Neustädter See Muscheln?
Dann wird sich diese schöne Frau zu dem Kind runterknien, wird ihm durch sein blondes Haar streichen und stolz sagen,
weil dein Opa das so wollte.

Ps: Die zweite Frage meiner Tochter habe ich aus dramaturgischen Gründen unerwähnt gelassen, da Vaterliebe auch an Grenzen stößt.
Die armen Quallen.

Der 4 Master

Oh sehet dort auf blinkenden Wogen
das stolze Schiff im Hafen stehn,
4 Masten ragen in den Himmel,
man tat's auch Eingangs schon erwähn.
So manchen Sturm hat er bezwungen,
so manche Meere überfahren,
kein Riff zu hoch, kein Weg zu weit,
der Mannschaft treu in all den Jahren.
Da kommen Sie im strahlenden Weiß,
die kühnen Meererpropten,
sie führten sicher jedes Schiff,
selbst wenn Orkan und Winde tobten.
Und nun geht es los,
das Schiff hört auf dort zu parken,
es legt sich der Wind in die stöffernen Laken,
und nun schäumet Gischt, ein knarren und tosen,
die Lieder der Berge, stimmt an sie Matrosen,
und nun locket die Ferne, hinaus auf das Meer,
den Wellen voraus und die hinterher,
und nun gleitet stolz über tiefem Grund er,
und nun … was ist nun?
Nun geht er unter.

Eine Ballade die mehr von ihrem Vortrag lebt,
statt des effeklosen abgeleses in trauter Umgebung.
Zum besseren Verständnis des Werkes schick ich
dem noch eine kleine Vorgeschichte voraus.

Vorgeschichte
Indianer!!!!
Schrie da ein Rekrut,
was man in so einem Fall ja tut,
kommt vor dem Ford in Galoppierung,
mit Tomerhawk und Kriegsbeschmierung,
die grad erwähnten angejagt,
ich glaub ich hätte auch: „Indianer!!!!!" gesagt.
Und richtig – pfszisch – schon flogen Pfeile
und danach ein Haufen Beile,
trafen das was sie so sollten
auch Soldaten dies nicht wollten,
und so taten die das gleiche,
erst als Abwehr, dann als Leiche.
Das ganze Ford ging so zunichte,
tja, das war die For(d)-geschichte.

Damit dürfte alles klar sein. Die nun folgende
Ballade wird eingeleitet von einem …

Anti – Balladengedicht
Es gibt Gedichte die haben's drauf,
sich gut zu reim, nur hört's nie auf.
Da lob ich mir doch meines hier … (Ende)

Das Moor

Im fahlem Mondlicht zieht durch's Dunkel,
dichter Nebel übers Moor,
und verdeckt das unbekannte
so vor Menschens Aug und Ohr.
Oh was mag er in sich bergen,
von der Brut der Nacht getragen,
jene die es einst gesehen
kann man leider nicht mehr fragen.
Doch vom Dunkel überrascht
führt mich mein Weg durch jenes Moor,
von dem die Alten oft schon wähnten,
das mancher dort die Seel verlor.
Und mein Blut peitscht durch die Adern,
jeder Pulsschlag dröhnt in mir,
schaudernd tast ich mich durch's Dunkel,
auf das ich nicht den Weg verlier.
Und mir ist als spürt ich's wohl,
das jeder Strauch und jeder Ast,
sich mir gebärt zur Kreatur
und nach meinen Körper fasst.
Doch da, schon seh ich in der Ferne Lichter,
der Heimat mir vertrauter Schein,
so ist das Moor zu Hälft bezwungen,
ach könnt ich doch schon bei Euch sein.
Bei Weib und Kind, die wartend schon
Daheim am warmen Feuer stehn
und im Gebet sich mir verbünden:
„ach Herr, lass uns kein Leid geschehn".
Doch pscht! Mir ist als hört ich's raunen,

es naht sich her aus finstrem Grunde,
's ist wie ein flehen, wie ein stöhnen
vom klagen in der letzten Stunde.
Oh kann es sein was ich da hör?
Von menschlich Stimme hergebracht?
Ich hör der Dinge ohne Zweifel,
doch hier und jetzt zur Mitternacht.
Oh ihr Sinne trügerisch,
treibt böses Spiel meiner Gedanken,
lasset ab der Illusionen
die mich an der Angst erkranken.
Nein ich mag es nicht vernehmen,
's ist nur der Wind in kahlen Ästen,
ein Tier der Nacht zieht durchs Gehölz,
des Moores Klang hält mich zum Besten.
Ach, es geistert nur im Kopfe,
unsinnig und ohne Grund,
zuviel der Worte düsterer Dinge,
es macht des Geistes ungesund.
Nein, ich werd mir nicht zum Narren,
des Weges Pfad ist bald getan,
verharr der Dinge die noch kommen,
ohne Angst und ohne Wahn,
denn zwiefach wird die Nacht nur dem,
der unbedacht und schlecht besehn.
DAAAA!!!!!!!!!!!
Es greift ein Arm nach meinem Körper
und aus dem dunkeln hechelt mir,
eine Gestalt von toten Augen
voller fleischlechzender Gier.
Oh reiß mich ab von jenem Wesen,

renne, renne durch das Moor,
Zweige peitschen, Winde heulen,
die Nacht sie bricht ihr Grauen hervor.
Und schon spür ich seinen Atem,
dessen was abscheulich ward,
mich zu hetzen, mich zu folgen,
von des Bösen schlimmster Art.
Oh verlasset mich nicht Kräfte,
meine Beine traget mich,
von hinnen aller bösen Mächte,
unselig und fürchterlich.
Doch die Nacht scheint ohne Ende,
alle Flucht ist ohne Ziel,
und den Füßen weicht der Boden,
Moor du treibst dein böses Spiel.
Gott verlassen und verloren
tast ich mich nach festem Grund,
doch Leib, all deine Gegenwehr
treibt dich nur in sein stinkend Schlund.
Und niemand der nach mir noch trachtet,
und niemand der zur Rettung naht,
es ist ein Wind nur leicht am säuseln,
Verwesung ist von seiner Art.
Übel zieht's mich in die Tiefe,
faulig warm umgebets mich,
soll dies mein End für immer sein,
oh Götter, nein, verlasst mich nicht.
Und wahrlich, wie mir alles schwindet,
fernem ich etwas das mir sagt,
prophetisch und mit Engelsklängen:
„wach auf, du hast ins Bett gekackt".

Vorgeschichte zum Herbst
Der Sommer geht zu Ende wenn
sich Blätter von den Bäumen trenn'.
Winde, Stürme und dergleichen
sollten als Begründung reichen.
Überall da fällt es auf,
überall da fällt es rauf.
Denn was grad noch im Gehölz
liegt jetzt unten doch was sölz,
denn die Jahreszeit die herbst'ne,
denkt sich … dem Winter dem vererbst'ne
Landschaft ganz in Gold verwandelt,
auch wenn sich's nur um Blattgold handelt.
Und weil der Herbst nun kommt darum
Blättere auch ich … jetzt um.

Der Herbst
Im Frühling küsste ich die Mädchen,
das kann manche hier bestät'chen
und auch in mancher Sommernacht
hab ich an Lippen rum gemacht.
Nur durch die Folgen da verderb' es
ich mir mit dem komm'nen Herp…st.

Der Winter
Wo kriegt denn nur im Winter
der Schneemann wohl sein Kind her?
Denn 'ne Frau in Schneegestaltung
gibt's nicht oft zwecks Arterhaltung
und so wird die Frage bleiben,
könn's wirklich nur die Flocken? Na ja …
das Treiben.
Doch endlich, vor dem ersten Tau
gab's irgendwie und wo GV,
denn schon im Winter ein Jahr später,
ahnen wir dank der Schneeväter,
oh, wir werden wohl bald ein Schneemann ha'm,
weil heut die ersten Schneewehen kam.

Der Frühling
Es öffnet sich ein bunter Reigen,
von Farben, Duft und Vogelsängen,
vorbei ist all das weiße Schweigen,
es folgt ein Streben und ein Drängen,
nach dem Freien sich zu geben,
in den Frühling, in das Leben.
Silber sprudeln wieder Flüsse,
und in den Zweigen die Gesänge,
sind wie ein Rauschen der Genüsse
von der Pracht der jungen Klänge,
die nun durch die Lüfte schweben,
durch den Frühling, durch das Leben.

Alle Säfte lässt du fließen,
schenkst dem Grün die Ewigkeit,
lässt das Heil der Wehmut sprießen,
schenkst der Knospe nun die Zeit,
sich dem Schönsten hinzugeben,
für den Frühling, für das Leben.

Ein April – Gedicht
Ich tat schon übern Winter schreiben,
hab auch für'n Frühling ein Gedicht,
nur beim April da ließ ich's bleiben,
warum das weiß ich selber nicht.
So hab ich mich nun aufgerafft
mit meiner Dichterei,
letztendlich doch noch eins geschafft,
„April, April – das ist vom Mai!"

Ein Glühwürmchen zur Frühlingszeit,
war wild zur Paarung nun bereit,
doch Übermut tut selten gut,
es starb an Zigarettenglut.

Die Brille

Ich will es mal so formulieren, wir werden alle nicht jünger und bei diesem Vorgang bleiben einfach mal immer wieder ein paar Dinge auf der Strecke die da auch liegen bleiben.
Das bemerkte ich ungefähr vor einem Jahr als ich abends vor dem Fernsehen saß und die Fernbedienung in meiner Hand einen bis dahin nicht gekannten Vorgang erlebte.
Mein senderwalbereiter Zeigefinger bremste kurz vor den dafür zuständigen Tasten ab und mein linker Arm an dessen äußeres Ende sich die Fernbedienung befand fing an sich durchzustrecken.
Das zeitgleich verlaufende Einjustieren der Sehschärfe ließ mich aufschrecken.
Was war das denn?
Dieses oft benutzte Zitat, das der Arm langsam zu kurz wird, vorgetragen von Menschen die entweder wirklich so etwas wie eine Gliedschrumpfung haben oder solche die einfach nur ins dafür zuständige Alter gekommen sind, schoss mir sofort durch den Kopf.
Ein Kopf in dem sich ab diesem Zeitpunkt für mich zwei Schwachstellen erahnen ließen.
Gut, so mancher wird jetzt sagen, dieser Kopf war schon immer 'ne einzige Schwachstelle, und wenn es wirklich so ist kapiert man das ja Gott sei dank nicht, doch hier wurde mir gerade etwas bewusst.
Ich sah auf die schwarzen Zahlen jeder dieser kleinen Tasten und bekam sie einfach nicht so

hingesehen wie all die 45 Jahre davor.
45 Jahre? War das die Antwort auf alle nun auftauchenden Fragen?
Brauch ich eine Brille oder nur eine größere Fernbedienung?
Ignorier ich das Problem und werde die nächsten Fernsehjahre wie in alten Zeiten zum Fernseher hingehen und die Sender umstellen?
Aber was wenn ich dann irgendwann nicht einmal mehr den Fernseher finde? Bin ich jetzt alt?
Schreib ich bald auch über ein Hörgerät, einem Rollstuhl oder meinen letzten Willen?
(Mein letzter Wille eine Frau mit …)
Ich sehe immer noch meine Oma wie sie mit geneigtem Kopf über ihre tief auf der Nase sitzenden Brille hinüberschaute, oder auch dieses typische hoch geschiebe mit angesetztem Mittelfinger zwischen den Brillengläsern.
Alles Gut, alles o.k. Aber bei mir.
Ich glaube Schuld hat Werner Treuner. Die wenigsten unter ihnen werden sich an ihn erinnern können. Er ging mit mir in die 5. Klasse und war von den jämmerlichen Brillendesignern des Ostens bestraft worden. Und nicht nur das, die Karosserie seiner Seehilfe wurde notdürftig von einfallsreichen Rotkreuzkastenbesitzern zusammenkonstruiert. Sprich, sein rechter Brillenbügel war mit einem Pflaster befestigt. Ein Umstand der noch heute an abendlichen Feuern immer wieder gerne zur Aufmunterung herbeizitiert wird.

Nicht gut sehen zu können war die eine Seite, dann aber auch noch selber dabei nicht gut auszusehen war eine Tatsache die auf vielen Klassenfotos damaliger Zeiten bittere Bestätigung findet.
Diese Hemmschwelle ist wahrscheinlich noch ein Relikt vergangener Schultage und ich bin mir ziemlich sicher das Werner Treuner heute Verdammt cool mit Brille aussieht.
Tja die Zahlen wollten an diesem Vorabend einer neuen Epoche der privaten Kurzsichtigkeit nicht schärfer werden, und ich sah mich schon verzweifelt an der Tankstelle stehen mit dem schlechtesten Zapfergebniss seit E 10.
Ich weis nicht ob sie beim Tanken auch immer diesen kleinen sportlichen Ergeiz entwickeln,
in dem sie versuchen das sich emsig drehende Zahlenrad in der Geldanzeige durch Punktgenaues loslassen des Zapfhanriegels bei „00" zu stoppen.
Also bei 50,00 oder 65,00 Euro.
Jeder unter oder überzapfte Kleingeldbetrag ist so der in Zahlen gesetzte Messwert meiner Tagesform, meines ganzen Lebens wenn nicht sogar bis hin zum Weltfrieden.
Wenn diese Zahlen auf dem sich kreisenden Orakelrad der Säulen nun aber durch eine sich anbahnende Sehschwäche manipuliert werden, wie soll ich dann noch wissen wie es um mich bestellt ist.
Was, wenn ich 70 Liter in meinen Wagen rein plürre obwohl nur 45 reingehen?

Was wenn ich meiner Tochter statt des oplikatorischen Tankshop-Lollis 'ne Zigarette mitbringe. Und während ich mich noch Frage warum ich ihr den Lolli anzünde, stehe ich bis zu den Knöcheln in den restlichen 25 Litern der nicht integrierbaren Benzinfütze.
Was wenn meine Tochter keinen brennenden Lolli mag?
Und mir wurde plötzlich sehr, sehr heiß bei dem Gedanken.
Ich muss zum Sehtest!
Gesagt, getan. Schon ein paar Monate später sah ich dieses Schild im Schaufenster:
„Hier kostenloser Sehtest".
Da dieses Problem mittlerweile in immer kürzeren Abständen zu einer nervigen Tradition switch freudiger Fernsehabende wurde, betrat ich nun diesen Optikerladen der Rand voll war mit ausgesuchten Spitzenmodellen von Brillen und Fachverkäuferinnen.
Klar dass mein Papa hier keinen Pfennig dazu bezahlt, da müssen schon Scheine her.
„Sie möchten …?"
Beim Anblick dieser durchaus attraktiven Brillenträgerin, die selbst noch mit Pflaster toll ausgesehen hätte, entwich mir ein leises „gern" mit angedachtem „wenn sie Zeit haben?"
Aber so einfach geht's dann doch nicht.
„Ja, ich wollte mal einen Sehtest machen."
„Ein Sehtest?" fragte Fräulein Treuner nach.
Was war jetzt so schwer daran zu verstehen.

Und schon ballerte es in meinem Kopf wieder los.
Vielleicht muss Die mal zum Hörtest.
Vielleicht glaubt die auch ich komm vom Wasser
oder Klärwerk, wegen See-Test. Ich lauf in Bade-
hose rum und will alle 7 Schweriner Seen testen,
oder was?

„Ach sie haben das Schild gesehen?" fragt es mich.
Ach so, denke ich mir, das Schild ist der Sehtest,
wer das sieht kann noch sehen, na klar und alle
die Blind daran vorbei laufen müssen dann hier
zum Sehtest. Super Logik.

Wie ich noch im Ansatz versucht bin, der Verkäu-
ferin mit meinem messerscharf, pointierten Wort-
witz eine Antwort hin zu zirzen die Sie unweiger-
lich dahin schmelzen lässt, wird mein Beuteblick
von dem Geschehen hinter ihr abgelenkt.

Zwei männliche Optikerarme, dessen Inhaber
hinter einer dünnen Sichtschutzwand hervor lugte,
winken mich nach hinten durch.

„Ich hab schon gehört! Na dann kommen sie mal
Herr Lembcke".

Wild fremde Menschen, die mich mit Nachnamen
ansprechen sind immer wieder der Beweis für die
unglaubliche Präsens eines Bekanntheitsgrades der
meinem kleinstädtischen Prommistatus absolut
gerecht wird. Und auch voll Peinlich!

Aha, ein Theatergänger weissagt es in mich hinein
und ich versuche mit einem verlegenen Lächeln
die Nichtigkeit und banale Bedeutungslosigkeit
meines Schaffens zu vermitteln.

Gott sei Dank bleibt das Thema Theater unbehandelt und man reicht mir eine Art Brillengläserauswechselgestell das mich an die mittelalterlichen Erstentwürfe unbegabter Burgoptiker erinnert.
Beim aufsetzen wird mir dann auch sehr schnell die Notwendigkeit dieser Sichtschutzwand klar, die einzig und allein dazu dient um die ruhig und gediegene Grundstimmung der Verkaufsgespräche nicht mit Gelächter oder Zwischenrufen wie „Eh guck ma, Harry Potter!!" zu gefährden.
Und dann wird getestet.
Wenn damals meine ehemalige Mathematiklehrerin Frau Lemke, ohne bck, mich nicht dazu befleißigen konnte ihr die zweistellige Zahl auf der Tafel vorzulesen, so lag das nicht an der weit vorpubertären Sehkraft des Erstklässlers sondern an der Dominanz seiner Lernschwäche. Heute kann ich mich damit nicht mehr rausreden.
Und so sitze ich nun da und jage den immer kleiner werdenden Zahlen und Buchstaben mit meiner Augenschärfe in die weiße Unendlichkeit hinterher.
„Alles Super, Herr Lembcke", reist es mich irgendwann aus meiner Adler spähenden Konzentration und meine Pupillen die sich hinter den immer enger gewordenen Sehschlitzen ängstigten, rollen entkräftet in die Ecken ihres Augapfels zurück.
„Kein Grund zur Panik, Herr Lembcke, es ist halt nichts für die Ewigkeit" erklärt mir dieser freundliche Mitwisser anstehender Theaterbesuche.

Doch in mir sah ich bereits dieses Bild vom Käpten der Titanic wie er in die ungläubigen Gesichter seiner Passagiere schaute.
Ich verließ diesen Raum und schleifte hinter mir einen langen Wust von Sätzen nach wie, das wäre mit 45 völlig normal und vom Erwerb einer Brille würde man noch abraten damit die Augen was zu tun haben und der Augendruck ist abends sowieso immer etwas geringer, bis mir schließlich Fräulein Treuner mit einem freundlichen „Wiedersehen" voll drauf trat.
Tja, wieder sehen. Ich kann wieder sehen und konnte es ja eigentlich immer schon und die Sache mit der Fernbedienung ist auch nicht weiter Schlimm da man sich die Zahlen auch merken kann dank der Tastenreihenfolge und Frau Lemke ohne bck.
Wenn da nicht ein neuse Problem wöre,
das abre doch mehr Ihr Prolem seim wird.
Aber daovn en nderes ma mwr.

Da Ihr dieses Buch sowieso in den nächsten Tagen, Monate, Jahren oder auch Leben immer dabei haben werdet hier ein paar Apps
(Apps = Anwendungen)

Spiegel-App 1

*Dies ist ein Spiegel.
Male hinein, was du siehst und lache!*

Die Bärchen des Lebens

Es gibt so viele Bärchen hier,
die anders sind als jenes Tier,
sie leben nur im Spiel von Wörtern,
ein paar möchte ich hier mal erörtern.

Da wär ein Bär der weit und breit
so laut er kann nur Kugel schreit,
damit er es wohl nicht vergisst,
das er ein Kugel-schrei-Bär ist.

Und dann gibt's einen, Man oh Man,
der geht stets alle Mädchen an,
und das kommt nicht von ungefähr,
denn der ist ja ein Ange-Bär.

Dann der den ich auch nicht verschweig,
denn der schenkt mir ein Mountainbike,
und das fällt dem noch nicht mal schwer,
weil der ist ja ein Radge-Bär.

Hier kommt nun der ganz gemeine,
denn der klebt mir immer eine,
und nicht nur mir, nein, alles und jeden,
aber so ist ein Alleskle-Bär eben.

3 Bärchen liegen nackt am Meer,
der eine ist der Urlau-Bär,
die anderen kichern: „hat der'n Klein,
das wär'n dann wohl die Al-Bärn sein.

Wohl gibt es da auch noch den Bären,
den mag ich auch ganz gern verzehren,
doch nicht aus Gummi so 'n gewisser,
nein des Schweines Le-Bär iss' er.

Des Weiteren dürfen auch nicht fehlen,
die Bärchen die so gern erzählen,
sie reden für ihr Leben gern,
sonst wären sie nicht die Pala-Bärn.

Selbst in Nationalitäten,
ist die Form des Bärn vertreten.
Ruf ich auf Englisch – komm mal her,
dann kommt da gleich der Camon-Bär.

Zwei nenn ich auch noch beim Namen,
sie will stets ein Hund nachahmen,
ist zwar ein Bär, doch bellt sie meist,
weswegen sie auch Bär-bell heißt.

Er besäuft sich ganz abscheulich,
stets im Glimmer, hart und bläulich,
und weil der so das trinken gern hat,
sieht man ihn öfter ganz schön Bärn-hard.

Und wie bekommen die Bärchen-Pärchen
ihre Kinder mit den Jährchen?
Die leiht man sich und holt sie raus,
aus den Lei-Bärn, Schluß und Aus.

Eigentlich wollte ich dieses Gedicht nicht mit rein nehmen, denn ich finde es etwas Obszön, aber mein Vater erzählte mir Geschichten aus seiner Jugend, wie die z. B. damals Frösche aufgeblasen haben. Das musste ich natürlich in einem Gedicht verarbeiten. Hab ich auch gemacht.
Und Obszön oder Obs nicht zön ist, das können Sie ja selber entscheiden.

Der Heinzi

Der Heinzi war ein rechter Raudi,
trieb mit Fröschen seinen Gaudi,
jagte diese übern Rasen
um die Dinger aufzublasen.
Da hat er ein' und dem verschafft er,
seinen Strohalm in den A…,
und mittels Kräfte seiner Lunge,
verformt sich nun der grüne Junge,
zu 'nem Ballon von Kopf bis Zeh
und bis hierhin war's o.k.
Doch dieser war ein ganz gewiefter,
vollen Hammer ja da mieft er
den ganzen Druck zurück durchs Rohr,
sowie der Heinz ihm kurz zuvor.
Oh was ein zischen, was ein blähen,
man sah des Heinzis Augen drehen,
er kam mit sich nicht mehr ganz klar.
Der Frosch entsprang so der Gefahr
und quakte bald schon wieder munter.
Nur der Heinz, der kam nie runter.

App 2 für heiße Tage

Bitte schnell wenden –>

<– Bitte schnell wenden

(bei schneller Durchführung müsste der Buchventelator Kühlung verschaffen)

Woppelpok, das Königsferkel

von Andreas Lembcke

Es war einmal, nicht ganz genau
vor 1000 Jahr'n 'ne Königssau,
nebst ihrem Sohn ein Ferkelein,
das sie nach manchen Sauerein
aus dem Vorwand dann erschuf,
das er auch kommt wenn ich ihn ruf.
So war ihr rufen bald entwegt,
sehr stark on Woppelpok geprägt,
denn so hieß das kleine Tier,
seit dem Tag nach Strophe vier.
Woppelpok war auch nicht minder
so verspielt wie andere Kinder,
wollte singen, lachen, tanzen,
tat's im großen und auch ganzen,
doch beschränkt das war er auch,
nicht im Kopf, mehr im Gebrauch
seiner ganzen Freizeitplanung,
denn stets hört er Mutters Mahnung:
„Bleib dem Koboldbrunnen fern,
weil die dich sonst fressen wer'n,
ohne jegliches Niveau,
das macht man so bei Bold & Co".
Zu Bold & Co wär zu erklären,
das war'n zwei von den ganz unfairen,
listig, gierig und verfressen,
wäre hier ganz angemessen.

Rochschor hieß davon nun einer,
find ich geil, so heißt sonst keiner,
Krötkock nannte man den zweiten,
worauf der hörte, auch von weitem.
Und nun wegen dieser Dinger,
sprach man mit erhobenem Finger,
bleib dem Koboldbrunnen fern,
weil die dich sonst fressen wer'n.
Ich weiß ich wiederhole mich,
nur Woppelpok der hört ja nich,
dem kann man das ja 10-mal schreiben,
letztendlich wird's ihn doch hintreiben,
und machen kann man nichts dagegen,
allein schon der Pointen wegen.
Der Tag er kam, noch war's egal,
der kommt die Woche 7 mal,
drum lass ich diesen Tag auch weg,
der taucht nicht für'n guten Gag.
Doch schon am nächsten übermorgen.
die Sonne tat den Mond entsorgen,
die Vöglein zwitsch und trillerten,
die Wanderschilder schillerten,
war alles nun darauf gestylt,
das Woppi durch die Gegend eilt.
Mit solchen Tagen ja da krieste,
sonn Ferkel ganz leicht auf die Piste,
und schon sprach er, Tschüß ich geh,
Tschüß Mami, Papi u.s.w.
Man mahnte nochmals an diverse
schon erwähnte Anfangsverse
mit der Sache Bold & Co,

Woppi versprachs mit einem „jo".
So ließ man ihn voll Wehmut gehn,
erst lief er und dann die Trän,
bevor er schwindet ja da hält er'n,
rechten Arm in Richtung Eltern
um ihnen, mittels auch dem linken,
so laut es ging noch mal zu winken.
Dann verlor man sich schnell aus den Augen,
bevor die wieder Wasser saugen.
Ja zunehmend kurz, so wie auch schmal,
wurd er mit jedem Schritt ins Tal,
immer kleiner und ganz winzig,
Kaum noch zu sehen und plötzlich kleiner, haltsamer.

(boah, das ist jetzt zu klein,
kann ich echt nicht mehr lesen.
Schluss jetzt oder was? Ach hier)
Doch plötzlich kreuzte seinen Weg,
eine Kreuzung, grad und schräg.
Auf Hinweisschildern stand zu dem,
auch der Grund für ihr benehm.
Denn rechts ging's in den Koboldwald,
nach vorne auch, nur anders halt,
nach links, ich glaub da hat er Glück,
und nach hinten ging's zurück.
Er fackelte nun gar nicht lang,
fing gleich zu überlegen an,
und nach 'ner Stunde, dank Instinkts,
ging er dann los und zwar nach rechts.
Tja, dumm gelaufen sagt man da,
erst er und dann was noch geschah,

denn schon nach ein paar Kilometer,
vielleicht warn's auch paar Kilo später,
hat er im Walde was gesichtet.
Da war 'ne Lichtung abgelichtet,
auf der, wer rechnet schon damit,
ein Koboldbrunnen steht. Oh Shit!
Und so ein Brunnen ist gefährlich,
das lass mal sein, demnächst und Jährlich,
so mahnten die Zuhaus geblieb'nen
hier oft zitierten und beschrieb'nen.
Von Haus aus kannte er Gefahr
und weil er ja von Haus aus war,
schlich er im großen Bogen nu
zum Brunnen hin und rief: „Juhu!!"
Und so als würde jedes Sehen
im finstren Schlot zu Grunde gehen,
erlischt sein Ruf in Dunkelheit,
verhallt noch lang vor seiner Zeit,
im nassen Grab das faul und krustig
die Schuld trägt an der Scheiß-Akustig.
Damit sein rufen Anklang finde,
stieg er nun auf des Brunnens Rinde,
und beschallte so wohl besser
nun sein Juhu!!! aufs Gewässer.
So an die 5 Minuten schreit er,
doch bringt uns das jetzt hier nicht weiter,
drum komm wir mal, so lang der schreit,
wir hier zum Thema Sicherheit.
Gefährlich sind für Schweinehaxen,
Brunnen die mit Glitsch bewachsen.
Denn das Problem für diese Tiere

ist deren Haftung auf der Schmiere,
und ward noch oben froh gerufen,
wurd's unten kritisch an den Hufen.
Denn diese, grobmotorisch träge
bring schnell ihr'n Träger in die Schräge.
Er schwankt und taumelt, steht nicht stille
und alles mit nur 0 Promille,
denn man kann Füße ganz schlecht Händeln,
wenn noch dazu die Beine pendeln.
Mit sit und wisch, und aach und ährrr,
(zuletzt gesehen bei Fred Ästährrr)
kriegt er, in dieser Lage schlecht,
sich leider nur noch wagerecht.
Auch Panik wird in solchen Fällen
gern einbezogen und es stellen
die Schweißdrüsen sich auf Entsaftung
bei dem Verlust von Bodenhaftung.
Die letzte Chance, ein kleines Buch
das er in seiner Jacke truch,
da schaut er hastig noch mal rein
unter „Erste Hilfe für'n Schwein",
doch warnt man nur in diesem Heft,
vorm Fleischerwarenfachgeschäft,
von einem Brunnen stand da nix,
drum gings letztendlich auch sehr fix.
Und viel zunächst der Halt noch schwer,
war's bald darauf nun auch schon er.
Ein letzter Griff noch schnell ins leere,
dann kam der Sturz ihm in die Quere.
So'n Sturz fängt oft ganz oben an,
und endet in der Regel dann

auch meistens unten, schwer verletzt,
das hat sich einfach durchgesetzt.
Die Fallrichtung wird stark geprägt,
von dem der auf'n Boden schlägt.
Und wenn die Brunnen auch sehr tief sind,
wirkt Falldauer dann oft sehr triefend,
man stürzt und denkt noch, wenn man schreit,
na schade eigentlich um die Zeit.
Die arme Sau, da quiekt und brüllt se,
wie frisch gestürzte Schweinesülze,
und krachte mit des Körpers Fülle,
dann köppermäßig in die Gülle.
Und schon war der Woppi futsch,
mann hörte nur ein lautes plutsch.
Äh platsch. Ne, plitsch.
Es war ein Plitsch was da erscholl,
denn dieser Brunnen war nicht voll,
er war nur sumpfig und morastig
und wirklich nicht sehr wasserlastig,
es roch sehr schlammig und fäkal,
also für'n Ferkel optimal.
Da lag es nun das arme Schwein,
nach langem Flug hier ganz allein
ihm ist's als hört er immer zu,
die Flighing Pickits – Only you.
Die Sinne war'n noch ganz benebelt,
auch der Verstand leicht ausgehebelt,
er fantasiert, träumt voll den Alb,
„ich bin Gehacktes, Halb und Halb,
hab's mit 'ner Schlachterin getrieben,
jetzt kriegen wir bald kleine Grieben".

Dann grunzt er wirr und fällt in Dreck,
als gäb's 'n Schweinepest Comeback,
ein letzter Seufzer dann ist ruh,
mal abgesehen von dem „Juhuu!!"
Oh horch, rief da nicht einer Juhu,
war's nur der Wind oder ein Uhu,
vielleicht war's Zauber oder Woodoo,
ich hör da einfach nich mehr zu du.
„Juhuu!!" Oh kann das möglich sein,
ihm ist als trät ein Engel ein,
als käm vom dunkel dort ein leuchten
als ob Glühwürmchen grad Kinder zeuchten,
Sphärengleich im Glanz vollendet,
'ne Lichtgestalt, voll überblendet,
und bringt das Loch hier in Erhellung,
mit Feenglanz und Fragestellung:
Was säufst du so mein Ferkelein?
Wenn du so fragst, Bier, Likör und Wein.
Nein! Was säufst du hier? Aus Leid und Schmerz?
Es lag am Sturz, erst ab, dann wärts.
Das lange fall'n war nicht das Ding,
schlimm wurd's erst als's nicht weiterging.
Äh, Ferkel die mit Geistern reden,
ham die dauerhafte Schäden?
Hamm die 'n Schuss, so ein mit Bolzen,
ist den ihr Eisbein weg geschmolzen,
ihr Rollbraten voll von der Rolle,
die Borsten hochgekämmt zur Tolle,
ihr Schweineschmalz ganz abgemagert,
und Ihr Presskopf überlagert?

Mann muss sich nicht gleich unterhalten,
mit so fragwürdigen Gestalten,
und Woppi dachte eben so,
und sprach genervt erstmal … Hallo!?
Was ist hier los, ich glaub ich spinn,
da guck ich mal genauer hin!
Und er stornierte jeden Ton
von seiner Kommunikation.
Dann hob er'n Rüssel samt der Fresse,
ganz langsam aus der Brunnenkresse,
ging hin und sah, jetzt Achtung, spannt' wird's,
ihr perspektivisch neu in's Antlitz.
Die schöne Fee die ihn befragte,
war leider doch nicht die besagte,
denn Woppis Sinne war'n in Gänze,
vom Sturz weit ab der Leistungsgrenze.
Was da nun aus dem dunkeln kroch,
war nicht die Fee, es war der Roch-
schor und der Krötkock,
das war im Ansatz erst mal blöd, Schock
schwere Not, ne was'n Scheiß!
Oh, schlimmes Wort! Ja ja ich weiß.
Doch voll normal heut bei den Kits
neben all den Fuks und all den Shits.
Drum fand das Wort ich hier so schlecht nicht,
und als Bemerkung voll berechtigt.
Aber Geschichten mit moderner Kränkung,
kriegen altersmäßig 'ne Beschränkung,
denn wenn man hier das F-Wort sacht,
wär's Märchen nicht einmal ab 8,
und lässt man sich noch weiter reizen

dann geht's noch nicht einmal ab dreizehn.
Auch wenn man fremdsprachlich brilliert,
und hier mit Fuck mal kritisiert,
so wird's doch glaubwürdig sehr eng,
ließt Oma vor und zürnt im Släng.
Drum nehm ich hier wie eh und jeh,
den Klassiker und schreib – oh nee!
Denn Woppi ahnte, jetzt gibt's dresche,
gehen Bold & Co mir an die Wäsche.
Und wenn ich mich jetzt hier nicht wehr,
wird's gastronomisch auch nicht fair,
wenn beide sagen, he den fress ich,
krieg kulinarisch richtig stress ich.
Wo bleibt mein Retter in der Not
und zieht mich noch mal schnell vom Brot,
könnt's mir erspar'n das man mich beist
(ob's deswegen Spanferkerl heißt?).
Ich wollt doch gern noch auf den Thron,
nicht auf 'ne Schlachtplatte für zwei Person.
Doch all sein quieken und geschrei,
drang an kein Ohr, nicht mal an zwei.
Da nutzte ihm auch kein gefluche
wie: ich bin gegen Tierversuche!!
oder andere schlimme Worte,
wie Massenhaltung, Tiertransporte,
Überzüchtung, Gelatine,
er fuhr voll die Mitleidsschiene
was leider keinen interessierte
egal wie er auch debattierte.
Denn der Krötkok und der Rochschor
nahmen ihn sich nun im Loch vor.

Mit Grimm und speichelfletschner Zähne,
umkreist man ihn wie 'ne Hyjenekontroll-
inspektion,
ob alles stimmt mit der Portion.
Doch gab es keinerlei Beschwerden
beim fressen und gefressen werden,
und fern der Hoffnung das man ihn rette,
hing er hier an der Fast Food Kette,
es gab kein fliehen und abhauen,
hier geht's nur raus übers Verdauen.
Vergebens war der Mutter Mahnung,
sie hatte von dem Futter Ahnung
für das ihr Kind sich hier verschwendet,
wenn's Märchen ohne Happy endet.
Er dachte noch im Todeswahn,
ich ändere den Ablaufplan,
die Hoffnung wird jetzt umgesetzt,
die stirbt bekanntlich je zuletzt,
ich stell die vor mich, bleib ganz ruhich,
dann bin ich mit dem Thema duich,
wenn die dann stirbt ich glaub dann werd ich
nicht mehr gefressen, aus und fertich,
mit Sterben wär für heut genuch,
's war ja die letzte laut dem Spruch.
Doch ach, die Hoffnung, ja weg war se
schon mitten in der Angriffsphase.
Ein erstes brüllen, ein erstes fauchen,
schon war sie nich mehr zu gebrauchen,
und Woppi schrie jetzt voll von Sinn,
schiebt euch die Sprüche sonst wo hin,
und suchte quikent schnell das Weite,

war das auch nur ein Schritt beiseite.
Denn links und rechts war nicht viel Platz,
doch da, nach vorne ja da hat's
noch 30 Meter vierundsiebzig
und durch die Dunkelheit da trieb sich,
das Schwein durch den verengten Bau
wohl gleich einer besenkten Sau,
denn hinten dran, ihn fast schon kau'nt,
die Typen aus dem Andergraunt.
Er lief nach links mit schnellem Schritte
rechts angetäuscht ab durch die Mitte,
dann quer nach da und schief nach hin,
zwei vor zurück und ein im Sinn.
So rast man durch die Finsternis,
teils aus Hunger, teils aus Schiss,
er spürt den Atem schon im Nacken
er roch nach Rülps von Kackerlacken,
nach Karies, nach Zahnprothese
und lecker Pizza mit viel Käse.
Die arme Sau, gleich ham' sie sie,
ihr läuft der Schweiß und das Pipi,
man hört von weitem schon ihr jammern,
durch Gänge, Flure, Besenkammern,
und ahnte, wer sich da verirrt,
ganz schnell mal zum Kadaver wird.
Dann flüchtete und floh und flieh se,
über 'ne schöne Sommerwiese,
und ab gings wieder tief nach unt'n,
nur gerade aus, so 20 Rund'n.
Jetzt nochmal alle Kraft geballt
und volle Pulle … erstmal halt.

Ganz leicht verstutzt da schrie se: Wär
schrieb hier grad was von Wiese? Hä!
Wie? Was? Wo ist denn die gewesen,
hab nichts gesehen, auch nichts gelesen!
Das irre Tier ist irritiert,
dann haltlos wieder durchradiert.
Doch ach, letztendlich da verlorst'n
langen Kampf um Haut und Borsten,
die Kräfte und die Hoffnung schwanden,
das Glück war gar nicht erst vorhanden,
es stand das Schwein im eigenen Saft,
schwer aus der Puste und es schafft
den einen vor den anderen Fuß nich
denn beide wurden ziemlich loosrich.
Was jetzt noch leicht fiel war vor allem,
er selbst, drum ließ er sich hier fallen,
in einen Spalt im dunklen Fels,
er schwitzt, er schlottert und er hält's
fast nicht mehr aus, doch jetzt heißt's pischt,
das dich der Kobold nicht erwischt.
Denn dessen Jagdtechnick, oft war se
erfolgreich nur durch Ohr und Nase.
Das heißt bevor der Bolt dich Schnappe,
schließ deine Poren und halt die Klappe,
denn bist du ruhig und leise dann
kommst du nicht auf den Speiseplan.
Doch diesbezüglich tat er schwächeln,
denn kaum hört er die Jäger hecheln,
vergisst er deren Jagdprovil,
wird physisch und mental labil,
wer ihn so sieht denkt, spinnt der, weil

die Angst ging ihm ins Hinterteil,
und in die Ruh lässt volles Ding er
verräterisch ein lauten Stinker.
Naja, iss jedem wohl schon mal passiert,
nur ist man nicht dadurch krepiert,
obwohl, drückt mancher auf die Tube,
schwebt auch der Tod mit durch die Stube,
doch hier, da war'n ja die Kriterien,
Geruch und Klang schick in die Ferien,
schon eins davon kann tödlich sein,
und doppelt tödlich wird's bei zwein
wenn Bolde durch die Ödniss hasten,
und Woppi pupst, wie blöd iss das denn?
Man ahnt, hier wird's gleich sehr intern,
zwischen ihm und seinen Peinigern,
der Woppi wird wohl heute hier,
letztendlich doch zum Beutetier?
Man hat, wenn man das Ferkel schnappt,
dann in der Tat hier Schwein gehabt,
denn dieses kannst du dann vergessen,
die Sache ist für heut gegessen.
Dem Schicksal sich nun hingegeben,
durchplant er schnell den Rest vom Leben.
Was wollt er nicht noch alles schaffen,
Beruf, Karriere, Bauchfett straffen,
Schwartenpiling, Herzverfettung,
und 'ne Ringelschwänzchenglättung,
Veganisierung jedes Menschen's
und für die Borsten noch Extänschens,
selbst Kinder kriegen und Familie,
all das verliert ab jetzt sein Ziel hier,

das wird er wohl nicht mehr erreichen,
so sagt er Tschüß zu Schweinesgleichen,
die fern ihr seid an sich'ren Orten,
wie Mama, Papa und Konsorten.
So komm nun Tod zur letzten Stunde,
reis mir ins Leben deine Wunde,
schlag mir ins Herz die wilden Klauen,
komm über mich mit Angst und Grauen,
mit kneifen, kratzen, Haare ziehn,
mit Schwitzkasten oder auch wie'n
Catcher dem was schmerzt im Schritt,
weil gerade jemand gegen tritt.
So tu nun hier dein dunkles Werk,
doch bitte so dass ich nichts merk.
Das macht mir dann das warten besser,
auf Meuchelbrut und Schwartenfresser,
die sich zum letzten Angriff rüsten
und langsam auch mal kommen müssten.
Doch was zuvor noch das Problem war,
ist jetzt akustisch kaum vernehmbar.
Der ganze Jagdlärm, jetzer wech,
da hatten wohl die Hetzer pech.
grad rief noch einer, he wo isser,
der zweite rief, da läuft der Schisser,
das isser garnich, rief ein dritter,
und das war Woppi, der denkt voll mit, hä.
Die Brüller die beim fang erschallten,
sind minder jetzt im Klangverhalten,
sollt es hier an Interesse mangeln,
bei den die um's gefresse rangeln.
Woppi entstieg so ganz vorsichtig

dem Spalt, die Ignoranz besicht' ich,
denn wenn du durch die Gegend jämpst
dann nervt das doch wenn einer bremst.
So sprang er fordernd aus der Nische,
na jetzt mal Butter bei die Fische,
hier steppt die Post, geht ab der Bär,
na jedenfalls so ungefähr.
Dann flucht man noch gegebenenfalls
den Kobolden die Pest an Hals,
doch ob das 'n Koboldfluch vermag,
steht nicht beim Rohwoltbuchverlag
in irgendwelchen schlauern Büchern,
da bleibt ein Rätsel mit den Flüchern.
Dann stellt er sich in Pose vom
Haupteingang von wo se komm
und flüstert was ganz laberich,
doch was, das steht hier aber nich.
Und jetzt kommt hier das Koboldvieh
mit Yipee he und Hallali,
Tatü tata, Flitz und Gepese,
mit Hallamarsch und Polonaise,
mit Zack und Peng, Fall in die Tür,
mit schwupp diwupp und ab dafür,
hier kommt all dies nun in Vertretung,
mit Rochschor, Krötkog und Verspätung,
ums finalistisch rumzureißen
und's Fieh am Esstisch umzubeißen.
Auch Dramamäßig wär's wohl spann'der,
kommt da ma fräßig was zu'nander,
damit man auch den Stress kapiert,
warum das hier so eskaliert.

Doch wozu die Qual da mit dem jagen?
Das kann man ja mal hinterfragen.
Denn was das tun der Jungs betraf,
das bräuchte nun Klärungsbedarf.
Das führt doch nur zu groll'nem Hass,
da fragt man doch was soll'n das ?
Denn voll den Garaus kriegst du hier,
weshalb ich's da ausdiskutier,
ich bleib jetzt hier, ich wart, ich kann diss,
zur Klärung dieses Tatbestandes.
Tapfer im Mut, trotz Angst und bange,
so steh ich hier!!!! Mal sehn wie lange.

(warten)

(warten)
(immer noch warten)

(Laaaangweilig!!!!)

Da trampeln, schnauften und auch schallten
im alt gewohnten Klangverhalten,
die Kobolde im schnellen Schritte
von hinten vor bis ab zur Mitte.
Und dann von dort bis zu ihm ran,
was technisch heißt – da wär'n wir dann.
Und klär'n was heut am Tag erstrebt iss,
dann endlich mal das Jagdergebniss.
Doch nichts! Man drückt als wenn's egal,

das innerliche Bremspedal,
und was da energiegeladen,
schiebt sich der Körper in die Waden.
Es quietschen Hufe durch den Sand
und komm dann mit dem Rest zum Stand,
der Körper fällt sogleich in Starre,
nebst Fahrtwind für die weh'nden Haare,
und was vom Hals kam brüll'nd daher,
verklemmt dort jetzt zu einem „Äh??".
Die schönste Jagd die taugt doch nich,
wenn jemand sagt, ich wart auf dich.
Mann blickt sich an und sagt kein Wort,
der von hier und die von dort,
scheint irritiert für weit're Taten,
das inspiriert dann auch zum warten.
Doch bleibt, wer hier so lang taktiert,
im weitren Werdegang stakniert,
denn Ziele enden oft sehr prommt,
wenn's dann zu 'nem Ergebnis kommt.
Und dieses heist, wir ham dich jetzt
und damit hat sich's ausgewetzt.
Doch jetzt wo keiner schnaupt und rennt,
da kommt doch noch der Hauptevent.
Was wirkt man denn so überrascht
das man jetzt hier gleich drübernascht.
Naja, solang die Seiten hier geklärt warn,
du machst das Opfer und wir den Herd an,
wir sind Mutig und du bist ehr Feiger,
wir drehn den Hals um und du am Zeiger
und fluchst irgendwas von verfukter Lage,
aber das iss jetzt auch mehr 'ne Charakterfrage.

Kurz, du bist der mit Angst und Gebettel!
Von cooler Sau stand hier nichts auf'n Zettel.
Jetzt geht's hier ans Leder ma andersrum,
ich sach ma, da kann nich jeder mit um.
Doch wenn das Schwein und Lurch nicht ahnt,
dann wirkt das auch nicht durchgeplant,
denn wer am Ende wenn dienert,
ist dichterisch nur spekuliert.
Ich hört schon von ganz andren Fällen,
doch will ich keim was unterstellen.
Die Sache wurd nun augenscheinlich,
für beide Seiten langsam peinlich.
Denn was beim Fang grad noch so gierte,
im Tatendrang jetzt implodierte.
Auf den Gesichtern ging das hecheln
leicht über in verlegnes Lächeln,
auch kam ein Blick hernach da zu,
der lauthals fragt, was mach ma nu.
Was wär, stellt man sich vor zu weilen,
man trennt sich von den Vorurteilen,
die, wie auch immer suggeriert,
man auf den andren projiziert.
Wer weiß, ob hier zarten Gemütes
man nicht um warten auch bemüht iss?
Da wird im Wute man poröse,
vielleicht sind das ja gute Böse,
die hier ihr Sein nicht blind ertragen,
und allgemein sich hinterfragen,
ob man, was da so lief verkraftet,
ist man so negativ behaftet.
Oft geht bei Den ein Leid von statten,

die mal 'ne schwere Kindheit hatten,
dann geht doch logisch mit dem Leben,
rein pädagogisch was daneben.
Und Kobolde, wenn's Intressiert,
die sind dafür prädestiniert.
So hoffte Woppi, oder wusst'ers,
auf Grund ihres sozialen Musters,
als Neubeginn währ doch ein Wech,
sie umzustimm durch'n Gespräch.
Mit Klos im Hals und wohl der Frage,
wie so's nun kam zu dieser Lage,
wird Diplomatisch komprimiert
hier nachgehakt und recherchiert,
und alles auf den Punkt gebracht,
was Woppi auch ganz Klasse macht.
Denn voll auf Kumpel blöfft er hier,
in dem er fracht: Na, öfter hier?
Und hängt, um's noch mal abzusichern,
dann hinten drann ein leises kichern. Ha-ha.
Ich frag mich nun, kommt da sensibel
der Kobold und wird kompatibel
mit Königsferkeln, die hier schlichten?
Das gab's noch nie in den Geschichten,
die ähnlich so man sich erzählte,
weil da zum Schluss meist einer fehlte.
Doch kann man auch, wohl unumstritten,
bei altem Brauch und alten Sitten
hier wohlbekanntes umgestalten,
durch tolerantes Grundverhalten.
Denn dann hat's, bricht man hier 'ne Lanze,
im Ansatz nicht doch auch 'ne Schanze ?

Wer das verkennt, iss eh diss Hemd
und auch Erkenntnisresistent.
Doch ob's so iss hier bei den zweien,
das möchte ich doch mal verneien.
Denn siehe da und hör mal hier,
was ich hier nun, ja Mensch, no Tier,
mich düngt man hört wie Engelsschwingen
das Glöckchen Einklang mehrfach klingen,
als bersten ganz gewiss die ganzen
Säulen aller Diskrepanzen,
und was da war, so wie – Zerwürfnis,
entweicht dem Harmoniebedürfnis,
denn nun, auf Grund verdwarster Lage
und Woppis letzter Masterfrage,
ob Ihr Erschein hier selten scheint,
kommt nun ein Satz der Welten eint.
Indem man nun zum Schluß da 'ne
Antwort kriegt. „Na, muss ja ne!"
Nach all den Wegen dieser Reise,
aus Sand, aus Staub und aus namsweise
auch aus dem Wunsch nach neuen Zielen,
da wurd nun hier ein Weg aus vielen
Dingen die beim nähr besehen,
es nötig machen ihn zu gehen.
Man braucht nicht Helden dies vollbring
und glühend heiße Reden schwingen,
mit psychologischen Tara,
ein Schweinchen schafft's auch mit 'nem „Na".
Ich weiß nicht ob's für Freundschaft reichte,
doch wurd's ihr Tag, der sich nun neichte,
die letzten Strahlen der Sonne zielten,

auf Drei die fröhlich Fangen spielten.
Ohne Gebrüll und ängstlich machen,
nur hier und da ein leises Lachen,
als wäre es für jedes Wesen
seit eh und je schon so gewesen.
Woppi war glücklich und er tut die
wohl morgen mitnehm' dann zu Mutti.
Familie schaut, das sind die hier
die ich bei uns jetzt intigrier.

Und so wird hier nun Schluß gemacht,
weil's da denn wohl erst richtig kracht.
Doch darauf haben echt kein Bock,
zwei Kobolde und Woppelpok.

App 3 für das Wochenende

NOTIZEN

Brötchen

Butter

Milch

Zucker

NOTIZEN

Brötchen

Butter

Milch

Zucker

Ich schreib ja nun schon Gedicht so lange ich denken kann, was nach Aussage Einiger, also noch gar nicht so lange her ist. Nein wirklich, ich mach das schon sehr lange, weil nach dem Krieg, da hatten wir ja nichts. Kein Radio, kein Fernseher. Und da hat man sich abends hingesetzt und Gedichte geschrieben, hat gebastelt, bisschen erzählt und ist auf die Wartburg gefahren. Hier zum Beweis eins von 1984. Ich auf der Wartburg, zusammen mit dem kleinen, blauen Fleck, den Martin Luther an die Wand verewigte, als er ein Tintenfässchen Richtung Teufel warf. (Der Fleck dürfte mittlerweile zu 108 % aus guter Pelikan-Schultinte bestehen.)

Martin Luther

Wer kennt ihn nicht den Martin Luther,
der Mann stand damals gut im Futter,
doch mochte er mal grad nichts beißen,
dann tat er mit Tinte schmeißen.
Denn hielt der Teufel ihn zum besten,
konnt Martin seine Wurfkraft testen.
Ein Fässchen, blau gefüllt zum Rand,
wofür man es ja auch erfand,
schützt ihn so vor der Hölle Boss,
auch schon mal als Wurfgeschoss.
Doch bliebs für ihn stets nur schinierlich,
des Fasses Maße war'n zu zierlich,
hatten so nicht die Gewallt
die den Typ zu Boden knallt.
So endet dies nur sehr beschämlich,
Martin warf sich dumm und dämlich.
Heut gäb's 'ne Chance für Doktor Luther,
denn heute schreibt man mit Computer.

Eine weitere Kurzgeschichte, verbunden mit Pionierbeflissener Vergangenheitsbewältigung. Das Lied vom kleinen Trompeter. Mal knallhart nachrecherchiert und vermerkt wie es wirklich war.
„Von all unsern Kameraden, war keiner so lieb und so gut, wie unser kleiner Trompeter, ein lustiges Rotgardisten Blut". Jetzt aber mal Schluss mit lustig. Hier die wahre Geschichte vom Peter Trom.

Das Lied vom kleinen Peter Trom
von Lemmi Lembcke
und von vorn.

Eine alte Hamburger Geschichte, wer kennt sie nicht, und das werden einige sein.
Also, was bisher geschah:
Als der Planet sich abgekühlt hatte entstand in den Urmeeren erstes Leben das irgendwann auf's Land übersiedelte. Zum Beispiel nach Hamburg.
Ja, das waren verrückte Zeiten damals.
Dort wurde ein junges Kind geboren als Sohn seines Vaters. Der Vater hieß Walter Trom und war ein alter Instrumentenbauer.
Sein bekanntestes war ein Streichinstrument.
Er nannte es Brot und Buttermesser.
Herr Trom erfand dann auch noch die gleichnamige Bose, auf der er jahrelang blies, auf einer kleinen roten Bank unter der alten Linde vorm Haus. Bis er dann irgendwann merkte, boah, das geht ja gar nicht. Diese rote Bank mit dem Lindgrün. Also farblich, ne.

Wenn ich gewusst hätte, das die Linde grün wird, ne dann hätte ich gar nicht erst hingekuckt.
So. Nu iss aber passiert, so verstarb der Vater nach kurzfristigem Leiden und noch im Sterben gab er seinem Sohn einen guten Rad mit auf den Lebensweg: „Messer, Gabel, Schere, Licht, dürfen kleine Kinder nicht!"
Dann übergab er ihm noch die Bose und so schloss sich der Greis ... die Augen zu.
Der heranwachsende Ernst Peter Trom baute die Bose zu einer Pete um und nannte sie Trom Pete.
Ein verrückter Kerl.
So lernte ich ihn damals kennen.
Freunde die den Ernst Peter auch nur Ernstel nannten hatte er keine, deswegen nannte das Ernstel man auch nur Peter. Das ... Ernst Thälman.
Ja der war schwer. Er wog schon mit 16, 64 kg.
Aber trotzdem. Von all unsern Kam ... Kam ... kam ... man jetzt so nich sagen, äh ... Kumpels.
Von all unseren Kumpels war keiner, aber nicht einer, ich hab da mal nachgefragt, so lieb und so trompeterich wie unser Peter Trom. Das lag daran, der hatte 'ne ganz witzige Blutgruppe.
Nich a, b oder f, ne – er hatte ein ganz lustiges Rotgardistenblut. Wir haben immer so gelacht, wenn der geblutet hat.
Ich weiß noch, wir saßen so fröhlich beisammen, hi hi, ja bei Sammen, Sammen war sein Kumpel, bei dem saßen wir. Und da klopft es an die Tür.
Hab ich aufgemacht, und wer stand da wohl draußen in der Kälte?

Ne feindliche Kugel.
Ach, sach ich, sie wollen doch bestimmt zum Peter.
Hui und die dann auch gleich rein in die Stube,
mir den ganzen Teppich dreckig gelatscht, und da
traf sie ihn dann auch an … Körper. So mitten ins
Hemd. Fatzz!!!
Und das ganze lustige Rotgardistenblut, das war
jetzt so traurig.
Und ich sach noch, wie jetzt. Das war doch bestimmt 'ne Kugel von 'ne Lehmanns, die Nachbarn,
was übt denn der Peter auch immer Trompete
während der Mittagsruhe.
Na ja dachte ich mir, das fängt ja gut an, was kann
da jetzt noch kommen.
Da klopfte es abermals an die Tür.
Und wer stand da wohl im Rahmen … seiner
Möglichkeiten? Ein kleiner Klopfstreich.
Wegbereiter des Klingelstreichs.
Du du, sagte ich, ohne zu bemerken das sich
hinter seinem Rücken noch eine zweite Person
geschickt verbarg.
Geschickt von wem auch immer.
Es war ein kleiner Messerwurf, der dort im Hausflur kauerte, und sich blitzartig auf Peter Trom warf.
Er verfehlte ihn nur knapp, denn er kannte sich in
der Wohnung ja nicht aus. Konnte den Peter aber
dennoch verletzen, mit der Klinge und mit abfälligen Bemerkungen über Peters Übergewicht.
Die Wunde wäre nicht tödlich gewesen, aber bei
Messerwurfs gab es an diesem Tage zum Mittag
Pilzpfanne, und einer von diesen war vergiftet.

Dadurch starb Peter abermals.
Unfassbar war zu diesem Moment auch … eine kleine Maus, die wie ich schon sagte, nicht zu fassen war, sich aber im Gebälk der Stube einen kleinen Mäusehorst gebaut hatte.
Dort hatte sie hineingebärt und wenn sonne Maus erst mal bärt, das läppert sich.
Anfänglich freute man sich noch im Hause Trom über besagtem Nachwuchs.
Man stellte ihm was zu essen hin, 8 Scheiben Leberkäse, 1 Topf Käsevondue und hängte über ihr Nest einen wärmenden Tauchsieder.
Leider zu dicht, so das sich das kleine Mäusehaar kräuselte. So entstanden die ersten Wollmäuse.
Durch die stetige Zugabe von Jungmäusen, erreichte nun der Mäusehorst ein Gewicht von sage und schreibe, so das das alte Stubengebälk sich nicht mehr festhalten konnte und alsbald einen seiner ersten Mitarbeiter verlor.
Ein stattlicher Balken von 2 x 38 Meter stürzte in Richtung Erde hinab, die aber am Balkenaufprallpunkt geschützt war vom 61 cm Kopfumpfang des verblutenden Trompeters.
In dem Moment, als Peter dem Tode nahe, zum letzten mal seine Augen aufschlagen wollte, tat dieses schon der Balken für ihn und kam dann erst so richtig zum halten 4 cm im Laminat Eiche hell.
Was für ein Tag. Und jetzt ging's erst richtig los.
Dummerweise war es ausgerechnet der Balken an dem der Tauchsieder hing und den man vor drei Wochen vergessen hatte auszuschalten.

Dieser viel voll in die Pete, welche Peter im Todeskampf aus sentimentalen Gründen fest umschlossen hielt. Dort tauchte der Sieder in Speichelflüssigkeit ein die sich in den letzten 3 Jahren durchs spielen dort angesammelt hatte. Hui was ein gezitter.
Die blöde Bemerkung, hä ich denke der spielt Trompete und nicht Zitter, musste da einfach kommen.
Nachdem der Rauch und das Gelächter verklungen waren hinterließ Peter ein Häufchen Asche, eine ausgeglühte Trompete und einen 8-jährigen Sohn der schon in die zweite Arbeiterklasse ging.
Seine 16-jährige Tochter aus erster Ehe war längst weggezogen. Jetzt lebte die Rosa in Luxenburg und hatte mit Paar-tai Mädchen einen Asia Laden aufgemacht. Mit englischer Küche. Alles schön blutig und rot gebraten. Denn wo man Rot gard isten Engländer nicht weit.
So, da werden sie sich jetzt sicherlich zu recht fragen, kann man sich hier während der Vorstellung auch ein Bier bestellen? Also wenn ich hier was zu sagen hätte würd ich sagen: ach, was weiß ich.
So. Der verbrannte Peter wurde zusammengekehrt und seine Asche füllte man randvoll in die Trompete.
Man schob ihr sozusagen den schwarzen Peter zu. Ha – ha, da muss ich selber lachen, soweit hatte ich auch noch nicht gelesen, um ihn dann in alle Himmelsrichtungen zu verblasen.

Ein alter Hamburger Brauch, der dort seinen Anfang nahm und hernach auch immer wieder oft und gerne in Vergessenheit geriet.
Denn wer konnte sich schon damals 'ne Trompete leisten und jemanden auf dem Kamm weg blasen klingt Scheiße, in doppelter Hinsicht.
Das er da mal so reinpassen würde hätte er sich auch an seinen besten Tagen nicht gedacht.
Deswegen bekam er zum Ende noch den Beinamen, der kleine Trompeter.
So, und wenn einer in der Trompete endete, damals bei weitem kein Einzellfall, dann rief man den Herrn Molzen. Seiner Zeit bekanntester Aschebläser von Poppenbüttel.
Der kam und schellte an die Tür. Obwohl er Bläser war und kein Schellist. Ha.
Na dachte man, wenn das man nich wieder nur ein Klopfstreich ist, der sich da nur verstellt, aber nein, es war Herr Molzen.
Ich sach, Kommse-Molzen, Komm se.
Er wartet schon in der Trompete.
Dann blies er das Lied vom kleinen Trompeter in alle 5 Himmelsrichtungen. Ja da gab es noch 5. Eine wurde ja später während des Krieges total zerbombt. Weiß heut keiner mehr.
Da hieß es noch, Norden, Osten, Süden, Westen und ganz hinten links.
So, wir sangen und er blieste dazu. Ja das singen viel uns schwer und die Augen tränten. Vielleicht hätten wir doch dafür nach draußen gehen sollen.
Schlaf wohl du kleiner Trompeter.

Na bei dem Lärm, ich weiß ja nicht.
Wir waren dir alle so gut. Na ja, Alle?
Mit jedem konnte er ja auch nicht.
Obwohl mit dem Hund vom Günni, also mit dem konnte er richtig gut. Ja die mochten sich. Also wenn die unterwegs warn, da haste gesagt, guck mal, der Hasso und der Peter,
die Beiden, das sind schon zwei.
Schlaf wohl du kleiner Trompeter,
du lustiges Rotgardistenblut.
Ja, das war die Geschichte vom kleinen Peter Trom.
Und genauso oder auch anders wird sie sich zugetragen haben.
Zum Ende werde ich jetzt aus dem 5-strophigen Lied vom kleinen Trompeter die Strophe Nr. 9 vortragen.
Sie wurde nicht oft gesungen, denn es ist eine Instrumentalstrophe.
Vielleicht noch wichtig, für alle die jetzt mittanzen wollen.
Ich trompete dieses Lied in C-Dur, mit bisschen P und F.

(Puuuust in ein Trompetenmundstück!) … ppffffffff.

Trotz angewandter Ehrfurcht vor Herrn Goethes „Erlkönig", muss ich aus rein pätago und patologischen Gründen, weil ich Kind und Geschichte so nicht enden lassen kann, dem Wolferl mal in die Feder greifen. (Wir erinnern uns: …und er erreicht den Hof mit Müh und Not … Tod u.s.w.)
Plötzlicher Kindstod, nur weil sich Not auf Tod reimt? Was ist mit Wörtern wie Streben, Weben, Kleben, Heben, Geben, Neben, Beben, Schweben, Teben, eben – all diese. Gab es die damals noch nicht oder was? Das reimt sich alles auf Leben. Oder wie wäre es mit:
… und er erreicht den Hof, hat auch viel Stress er, in seinem Arm, dem Kind geht's besser. Hier ein Kompromissbereiteres Zweitlinkswerk.
(Aus Urheberrechtlichen Gründen fühl ich mich dazu verpflichtet Sie darauf hinzuweisen, dass der Autor vom dramaturgischen Neuansatz seines Werkes noch nicht in Kenntnis gesetzt wurde.)

Erlkönig Teil 2

Der Vater merkte bald nun schon,
das was nicht stimmte mit dem Sohn,
weil der nicht mehr halizunierte,
stattdessen mehr kapitulierte.
Der Vater schrie, wo ist der Kerl,
den hol ich mir den König Erl!
Und schnellen Schrittes lief sein Pferd
den gleichen Weg, nur umgekehrt.
Schon wieder greift die Nacht nach ihm,
ermächtigt sich der Fantasien,

die tief in allen finstren Ecken,
Gestalten schwarzer Zunft erwecken.
Von neuem schwebt im Mondenschein
am Fluss der Elfentanzverein,
und in den Zweigen alter Buchen,
dort lässt der Wind die Seelen fluchen.
Der Vater fühlt im Magen flau sich,
denn hier war's wo der Sohn sich grausig,
abgenervt zum Herzschlag trieb,
weil's Goethe viel zu spannend schrieb.
Und vor des Erlenschlosses Stufen
hört man ihn nach den König rufen,
hindurch wo dicht die Nebel wallen:
„He Hermann! Er ist drauf reingefallen!!"

Die Insel
Angenommen ich müsste mal,
auf 'ne einsame Insel mich begeben,
und hätte dann auch noch die Wahl,
was mitzunehmen, zum überleben,
es wär ein Buch, ein großes, schweres.
Doch nicht mit Tipps die mir da helfen,
zur Überquerung jenes Meeres,
oder sonstiges zum Du you selfen,
was einem so auf der Insel nütze,
nein, damit hau ich den Menschenfressern
eins auf die Mütze.

Das Leben schreibt ja bekanntlich die verrücktesten Geschichten. Und dann stell ich mir das Leben so vor, wie es dann da abends so am Schreibtisch sitzt, vielleicht schon 1 bis 3 Flaschen Rotwein im Kopf und kritzelt volltrunken irgendwas aufs Papier. Kein Wunder das mein Leben so verläuft.
Und wenn doch mal eine schöne Geschichte entsteht, mit Verdacht auf Happy End, dann ist der Drucker kaputt. Aber das Schlimmste, ich glaub mein Leben ist ein Fan von Loriot.

Der Damenbart

Schatz!
Findest du 30 Mark zu teuer?
Das kommt ganz darauf an wofür.
Wofür? Na für den Bart von Frau Horn!
Frau Horn hat einen Bart?
Nein, das Petermännchen hat einen Bart und Frau Horn spielt das Petermännchen.
Also dann ist es nur ein gespielter Bart.
Nein, der Bart ist echt.
Frau Horn hat einen echten Bart?
Nein das sag ich doch gar nicht. Der Bart gehört dem Petermännchen.
Dann soll er ihn doch bezahlen.
Schatz bitte! Was ist nun?
Hm, … tja, du bist die Maskenbildnerin.
Ich muss den Bart knüpfen, säubern, ondulieren. Da sind doch dreißig Mark nicht zu viel für drei Bärte.

Frau Horn trägt drei Bärte? Mach ihr doch einen großen.
Schatz!?
Also nein, ich finde 30 Mark nicht zu teuer.
Wirklich?
Ja, ich erlebe jeden Tag das alles teurer wird, also warum solltest du da eine Ausnahme machen.
Früher hat sie zwanzig Mark bezahlt und immer noch eine Flasche Sekt dazugegeben.
Na ja, das musst du selber wissen.
Ach, du findest es also doch zu teuer?
Nein.
Aber gerade hast du noch behauptet das seit dem Euro alles teurer geworden ist.
Ja! Ich meine nur dass es wohl jetzt keine Flasche Sekt mehr dazu geben wird.
Ich lasse mir von einer Flasche Sekt doch nicht vorschreiben wie ich meine Preise zu machen habe!
Nein.
Außerdem bekommt Sie noch immer eine Tube Kleber dazu.
Schatz, ich finde 30 Mark wirklich nicht zu teuer.
Und rechne nicht immer in Mark, wir haben Euro.
Ja doch.
Ich könnte aber auch 25 Mark nehmen.
Könntest du. Ja.
Ach, du machst es dir aber wieder sehr einfach.
Ich finde doch nur wenn eine Frau 30 Mark ausgeben will um mit einem Bart rum zulaufen dann soll sie 30 Mark ausgeben.

Drei Bärte.! Drei!
Ja Drei.
Und nicht 30 Mark sondern 15 Euro. Halbier das!
Und nicht drei Bärte sondern 1,5 oder was?
Immer bist du anderer Meinung als ich.
Bin ich nicht!
Da schon wieder!!!
Ich sag ja schon gar nichts mehr.
Das ist wieder mal typisch. Ich stehe früh morgens auf, ärgere mich mit den Kindern rum, mache den Haushalt, während der Herr gemütlich im Bett weiterschlafen kann, und wenn ich dann mal mit einem Problem komme dann ...
Ich hab es doch schon gesagt.
Nie hörst du mir zu!
Ich habe es gesagt.
Was hast du gesagt?
Ich finde 30 Mark oder 15 Euro für drei Bärte nicht zu teuer.
Ach! Auf einmal.

Die Fälscher
Lasst dem Schwätzer seine Lügen,
schaut still zu wie's kommt und geht,
nehmt den Wind in tiefen Zügen,
der sich immer wieder dreht.
Ja und Amen sei die Richtung,
von der Wiege bis zum Grab,

vor dem Kampfe kommt die Schlichtung
und nach oben geht's Berg ab.
Selbstgefällig in den Zügeln,
in gelernter Freundlichkeit,
weiche Wege auszuklügeln,
ist das Übel unsrer Zeit.

Die Rätsel der Erde
Die Erde ist ein runder Ball,
wohl schon 'ne ganze Weile,
das Runde hat sie überall,
sonst wär sie auch nicht heile.
Doch nun steh ich hier im Tal
und denk darüber nach,
ob das auch stimmt mit diesem Ball,
denn hier ist sie sehr flach.
Auch das sie wohl 'ne Blaue wär,
das ist ja wohl geläufig,
doch gerade hier ist sie vielmehr,
nur grün und das sehr häufig.
So kam verwirrt und stark erbleicht,
ich dann ins Haare raufen,
doch war des Rätsels Lösung leicht,
ich hat mich nur verlaufen.

Warum die Dinos starben

Das rote Plastiktablett schob sich zwischen die Verpackungsreste unserer ordnungsignoranten Vorgänger die als Abräumversager einen Tisch hinterließen an dem jeder Stilllebenmaler des 17. Jahrhunderts versagt hätte.
McDonald's am Freitagabend.
Unser Kids-Menue mit der Happymeals Box und ein McRib waren für diesen Tisch ein Kids Menue und ein McRib zu viel, was aber auf Grund der sehr limitierten Platzauswahl zu schnellem Handeln zwang.
Selbst isst der Mann, doch bevor er eben selber essen kann, (kleines Wortspiel) muss er sich dafür Platz schaffen und bald feststellen das Tischdienst in der Wegwerfgesellschaft ein hartes Brot ist neben all diesen weichen Pappburgern.
So mancher Vater wurde so schon ungewollt in die Berufswelt der Bedienungs- und Servicekräfte eingeführte, bevor sich endlich Einer werte und McDrive erfand.
Während ich also den ganzen Konsummüll eifrig auf dem Tablett gruppierte vielen mir die vielen aufgerissenen Mayo und Ketchupbeutelchen auf, die nicht einmal bis zur Hälfte ihrer Bestimmung nachgekommen waren.
Welche Verschwendung!
All diese Ketchup- und Mayopflanzen, diese sinnlose Aufzucht und Hege, dieses verpacken, verschicken und überproduzieren, all das nur für die Tonne.

Doch was wenn wir irgendwann mal alles weggeschmissen haben das uns zum Menschen machte, was wenn am Ende unserer so stolzen Evolution, die Dichter und Denker hervorgebracht hat, Kunst und Kultur und so auch Mayo und Ketchup, was wenn am Ende von all dem nur eine Müllhalde bleibt?
Und in der umsatzträchtigsten Drang und Stosszeit bei McDonald, hatte ich die Vision für eine Geschichte.
Wenn die Esskultur der Menschheit im Fastfoot endet, was wäre wenn sie dort auch begonnen hätte?
Es ist eine Geschichte die vielleicht so beginnen könnte:
Der Homosapiens hat ja im Laufe seiner Entwicklung schon allerlei kaputt gemacht und zum Aussterben gebracht, und hätte es ihn schon gegeben als noch die Saurier am Start waren, wer weiß ob der Meteorit dann nicht umsonst vorbei gekommen wäre.
Aber dafür hätten wir einfach 'n bisschen früher aufstehen müssen.
So war es also ein Meteorit. Oder?
Das ist die Offizielle Variante von Verschwörungstheorien die schon kurz nach dem verschwinden der Saurier die Runde machte.
Was 'n Quatsch. Ein Meteorit.
Na Hallo, wie soll ich mir das denn wohl vorstellen?
Es ist ein heller Plezenttag im Juli.

Von einem lauten Grollen aufgeschreckt schaut
ein friedlich grasender Brichtallosaurus hinter dem
Urfan hervor und sieht wie ein riesiger Brocken
brennenden Gesteins Richtung Erde scheppert.
2 Minuten später und 23 Kilometer rechts knallt
dieser dann gegen einen Tritopilantus Rox, dem
Mutter Bullen einer Herde von Grippzacken Sauriern (die auch nicht gerade klein waren) direkt an
den Kopf.
Von dort prallt er dann durch die enorme Geschwindigkeit wieder ab und erschlug einen weiteren Dino, dann den nächsten und so weiter und
so weiter. Diese unglückliche Kettenreaktion hatte
nach 3 Wochen ihren Höhepunkt als der letzte
lebende Dino Saurier es nicht mehr war. Die Dinos
waren Tod.
Ne klar! Durch einen einzigen Meteoriten.
Für wie doof halten die uns eigentlich.
Die folgende Geschichte wird in alle Urzeitlichen
Theorien einschlagen wie der seiner Zeit uns vorgegaukelte Meteorit.
Nach jahrelangen Rescherschen, unumstößlichen
Fakten und fundiertem Hintergrundwissen bin ich
zu der erstaunlichen Erkenntnis gekommen, das
es kein Meteor war der die Dinos niederstreckte
sondern: Pommes rot weiß.
Zu dieser unglaublichen These gelangte ich, als ich
einen Bericht aus Mexiko sah, über das abtragen
von Erdschichten in Diamantminen.

Tiefe Bohrproben im wohl bekanntesten Krater von
Mexiko, dem Mexiko Krater bei Mexiko, gehen bis
in die Zeit des frühen Plezent zurück, wenn nicht
sogar Pleneunt, und weisen auf eine auffällige gelb,
rot Verfärbung der Sandschichten hin.
Nichts ungewöhnliches, was jeder Hobbygärtner
oder Häuslebauer aus eigener Erfahrung zu bestäti-
gen weiß. Doch das Auftauchen einer dritten
Farbe, nämlich schwarz, machte mich stutzig.
Würde sich jetzt endlich eine weitere These be-
stätigen, mit der ich seit Jahren die Geo, Archo,
Sainto, Ufo und Physiologen in Atem halte.
Es gibt keine Außerirdischen.
Alles was man bisher an Aliengeschichten und
Ufosichtungen gehört hat ist … war. Klingt gegen-
sätzlich aber ist so.
Die Wesen die man für Reisende aus einer fernen
Galaxie hält kommen nach meinen Berechnungen
von einem uns bekannten Planeten. Der Erde.
Das sind Wir aus der Zukunft.
Warum sonst sollten diese Wesen sich denn nicht
zu erkennen geben?
Weil wir damit den Lauf der eigenen Geschichte
verändern würden.
Jedes Marsmännchen wäre doch heil froh wenn
es nach dieser langen Tour mal irgendwo 'ne Cola
bestellen könnte.
Aber nein, Die nicht.
Denn sie wissen von der Gefahr die der Mensch-
heit drohen würde.

Ein Paradoxum das beim zusammentreffen zweier Zeitlinien entsteht und auch schon als dramaturgischer Spannungsbogen für Michael J. Fox in „Zurück in die Zukunft" diente.
Nur wenige werden eingeweiht sein, um den Fortschritt aus den kommenden 2000 Jahren unters Volk zu bringen.
Ich sag nur Mikrochips, Alufolie und WC-Beckensteine.
Und diese Schwarz, Rot, Gelbfärbung im Mexiko Krater gibt Anlass zu Spekulationen.
Mein erster Gedanke war der Absturz eines gigantischen Ufos.
Ein Handelsschiff der Förderationsklasse F mit Fortongenoppter Sprelakatbeschichtung, 46 PS Wapantrieb und abnehmbaren Rückspiegel.
Eines der noch nicht erbauten, gängigsten Modelle aus der kommenden Raumfahrt, voll gepackt bis unters Dach mit einer riesigen Menge ungebügelter Deutschlandfahnen in den Farben Schwarz, Rot, Gold. Ich möchte hier noch mal auf die ebenso gefärbten Sandschichten hinweisen.
Diese logische Ufo-Schlussfolgerung hätte Sinn gemacht, wenn sich nicht herausgestellt hätte, dass die schwarze Sandschicht aus 104 % reiner Holzkohle bestand, vermischt mit 6 % Deutscher Pinie und 5 Reihen Laminat.
Wer jetzt genau mitgerechnet hat weiß das diese Zusammensetzung eigentlich nur für die Herstellung eines Produktes Verwendung findet: Pommesspieße.

Diese kleinen hölzernen Gabeln die das in die
Kruste gefüllte Kartoffelpüree zur Strecke bringen.
Worum es sich natürlich nun bei der Rot, Gelbfär-
bung handelt, dürfte spätestens jetzt jedem Fast-
foodjunky klar sein. Ketchup, Mayo.
Wenn es also zu dieser Zeit schon Pommesgabeln
aus Holz gab, die sich natürlich im Laufe der letz-
ten Jahrmillionen zu Plastikspießen in allen mög-
lichen Farben umevolutioniert haben, stellt sich
natürlich die Frage, wer damit irgendwo und wie
auch immer in irgendwas reingepickt hat.
Waren die ersten Menschen, der Homosapiens,
Homoerektus oder Homofaber nicht vielleicht
doch schon die zweiten Menschen?
Kann es sein das bei unseren Urahnen die Uhr
doch weiter vorging als wir glaubten? Lebten
Mensch und Saurier zusammen?
Hier bewahrheitet sich wiederum meine Formel
auf die ich kam, als ich ein Bild über Ausgra-
bungen im Pränatal betrachtete.
Die Formel lautet: Jo.
Zu sehen war eine Ausgrabungsstelle mit Fossilen
Knochen und da neben weitere Fundstücke, wie
eine kleine Schaufel, eine dreckige Bürste, ein Sieb
und 'ne Kaffeekanne.
Waren dies die fehlenden Bindeglieder zwischen
Mensch und Saurier nach denen man schon so
lange gesucht hatte?
Das gab Raum für Spekulationen, ein Raum in den
ich aber nicht gehen wollte, denn für mich hatte
sich bereits alles erklärt.

Vor langer, langer Zeit, an einem Tag als es noch gar keine Tage gab, also Wochentage, als man noch nicht sagen konnte ob dieses verheerende Unglück in der Woche oder am Wochenende passierte, Arbeitsunfall oder nicht, an genau so einem Tag da muss es passiert sein. Nehmen wir also mal an, es handelt sich um einen Mittwoch am Wochenende, oder einem Tag der längst schon wieder in Vergessenheit geraten ist.
Wie der Sterntag, der zwischen dem Sonn- und dem Montag lag.
Oder der Pausentag, zwischen dem Dienst und dem Freitag.
Weshalb der Mittwoch ursprünglich auf'm Donnerstag lag.
Was bei 7 Tagen viel stimmiger war als heute der Mittwoch.
Der ist heute der 3. Tag von 7, was'n Quatsch.
Wo ist denn da bitte schön die Mitte?
Vielleicht gab es aber nach dem Donnerstag auch noch ein Blitztag, oder den Mondmorgen vorm Sonnabend u.s.w.
Jedenfalls an genau so einem Tag, soviel ist sicher, gab es bei den ersten Menschen, zum ersten Mittag, panierte Rundscheiben aus Mamutzahn. Auch bekannt als gebackene Neandertaler.
Das kriegt doch kein Mensch runter, werden sie jetzt sagen, auch nicht der Erste, aber wenn sie Mamutzahn nur lange genug braten, dann wird der zwar nicht weicher, aber sie kriegen so'n Hunger das Ihnen das dann egal ist.

Jedenfalls zu diesem aller ersten Mittag gab es bei den aller, aller ersten Menschen dann immer traditionell Neandertaler mit Pommes rot-weiß.
Jetzt tritt ein weiterer, nicht zu unterschätzender Aspekt auf.
Das Thema „ausgewogene Ernährung". Speisekarten mit Seiten umfassender Menüfolge und wechselnden Tageskarten, was auf Grund noch nicht vorhandener Tage auch keinen Sinn gemacht hätte, waren zu diesem ungastronomischen Zeitpunkt noch nicht erfunden. Was bedeutet, das die Grundnahrung der Erstmenschen sich sehr Einseitig auf ein Gericht beschränkte.
Frittierte Neandertaler mit Pommes rot-weiß.
Und da begann das Globale Problem.
Denn die gesamte Weltproduktion dieses beliebten, weil auch einzigen Gerichtes, musste vom Pränatal aus gewuppt werden, da andere Länder und Kontinente in ihrer Entwicklungsstufe noch nicht einmal das Feuer für sich zu nutzen wussten.
Da ist sonne Friteuse doch schon was Feines.
Während man also woanders noch in primitiver Fressgier dem kleinen, süßen Uhrhasen (nicht zu verwechseln mit dem Hasen aus Alice im Wunderland „keine Zeit, keine Zeit") den Kopf abtrennte um sein Gehirn auszuschlürfen, übrigens bereits eine erste Form von Trennkost, wurde hier bereits für den Inn und Export produziert.

Doch die unglaublichen Mengen an Mayo und Ketchup werden die damaligen Urlageristen vergangener Tage sicher vor ein weiteres Problem gestellt haben. Denn das Erfinden von riesigen Lagertanks oder Futtersilos war ebenfalls noch nicht erfunden und auf das Minimieren von Gegenständen mit dem Fluxschrumpfkompensator P4 ist bis heut noch keiner gekommen.
Doch sie fanden eine Lösung.
Die schon erwähnten Meteoritenkrater in der Gegend um Mexiko, die durch das aufschlagen gigantischer Gesteinsbrocken aus dem All entstanden sein sollen, sind für mich nur der Beweis für die Schaffenskraft und den Einfallsreichtum unserer Konstrukteurahnen.
Da das graben von Baugruben damals schon gang und gebe war, aber der Wohnungsbau noch in den Kinderschuhen steckte, beziehungsweise noch komplett Barfuss lief, hatte man nun gerade in dieser Gegend eine auffällige Anhäufung von sehr lehr stehenden Löchern. Einige Höhlenbewohner hatten zwar bereits instinktiv versucht ihre Höhle in so ein Loch zu bekommen, was sich aber auf Grund fehlender Kelleraußenterassen in der Grillsaison nicht durchsetzen konnte.
So brauchte man in den darauf folgenden Generationen nur noch in ehrenamtlicher und gemeinnütziger Arbeit den Sand zwischen den Löchern entfernen und gewaltige Krater entstanden.

Vor ungefähr 65 Millionen Jahren gegen 14.23 Uhr wurde dann die Einweihung der beiden ersten XXL Ketchup und Mayolagerbecken Feierlich begangen.
Heute bekannter als Chicxulub Krater in Nord Mexiko bei Yucata, dem man auf Grund seines Durchmessers von 180 km immer noch das Aussterben der Dinos vorwirft, was sich ja auch im Verlauf der weiteren Geschichte bestätigen wird und dem damaligen Geschäftstellenaußenfillialkrater Barringer in Arizona.
Ja die Beiden gibt's immer noch, ich hab's grad noch mal gegoogelt.
Und so lebte man glücklichen und ungesunden Zeiten entgegen, die man vielleicht heute als die Epoche des Mayozärs oder Ketchupäriums benennen würde, wenn sich nicht hier bereits der Verfall einer übersteigerten Esskultur abgezeichnet hätte. Die Marktforschung, das Zusammenspiel von Angebot und Nachfrage, die Diabetisierung des Schlaraffenlandes, all das lag in den noch behaarten Händen weniger denen die Verwaltung der Lagerbecken oblag, und denen bald auch die Profitgier wie auch die neuzeitliche Frage ins Gesicht geschrieben stand: „Hä, was ist denn Profit?"
Nehmen wir mal an, ein Kraterbeckenarbeiter Namens Uri, dessen Sohn Curry übrigens schon damals den dann nach ihm benannten Ketchup hätte erfinden können, hat den warnenden Pfeifton eines Kraterbeckenüberlastungsschutz-Sauriers bewusst ignoriert,

weil der Arbeitschutz einer leistungsorientierten Planerfüllung überhaupt nichts zu sagen hatte, spätestens dann war diese Epoche dem Untergang geweiht.

Der 180 km große See von Ketchup, so die offiziellen Zahlen, wo wir Erfahrungsgemäß gern noch 'n paar Meter draufpacken können, brach noch unbemerkt in die Unterwasserkanäle ein die mit dem zweiten Mayokrater verbunden waren.

Denn in der dazwischen liegenden Hauptabfülldüse trafen beide Lagerstätten zusammen, da auch damals schon das Zahnpastaprinzip gestreift gängig war.

Die gewaltige rote Masse wälzte sich in einem rasanten Tempo durch die Kanalanlagen und Uri konnte jetzt am Kraterrand ein Phänomen erblicken wie man es von Stränden kurz vor einem Tsunami kennt.

Mit einem saugenden Schlürfgeräusch zog sich das Meer von Ketchup zurück und verschwand mit einem unheilvollem Grollen im Schlamm und Geröll des Beckens.

Und dann plötzlich ein dumpfes Krachen.

Das war der Moment als der Ketchup unter dem Mayokrater hindurch schoss, und die Gesteinsschichten unter der nun doppelten Lasst zusammenbrachen. Die ganze Mayo geriet nun in den Sog der Tomatenlavine die ihren nun gelben Verfolger durch unterirdische Labyriente trieb in Richtung einer riesigen Erdgasblase die zur Lagerung von Pommesspießen genutzt wurde.

Die Katastrophe war nun nicht mehr aufzuhalten.
Ein friedlich grasender Brichtallosaurus, den ich
zum Anfang dieser Geschichte schon erwähnte,
hebt neugierig seinen Kopf aus dem abgelutschten
Steppengras heraus.
Die aufgeschreckten Vogelschwärme, die unruhig
bölkenden Saurierherden und das leichte beben
der Erde unter seinen Füßen lassen ihn ahnen das
das heut nicht sein Tag sein wird.
Und die nächsten 65 Millionen Jahre auch nicht.
Denn der Lauf der Erdgeschichte ging vom Phane-
rozoikum ins Mesozoikum über, die Zeit des Mas-
sensterbens, oberhalb der Kreide Tertiär Grenze.
Sprich, die Dinokacke war am dampfen.
Nachdem sich die Todbringende Flüssigkeit ihren
Weg zu einem nahe liegenden Vulkan durch-
gepeitscht hatte und sich in Holz, Rot, Gelber
Reihenfolge an die Erdoberfläche katapultierte,
war aber auch die Zeit der Erstmenschen
Geschichte.
Der Himmel hatte sich für Monate rot verdunkelt
und es brach ein molekularer Winter über das
Land herein, mit Flocken aus Mononatriumglutamt,
E 10 und Geschmacksverstärker.
Selbst heute noch hat das Magma aktueller Vulka-
nausbrüche diese Rot-Gelb Färbung von Restbe-
ständen die uns als ewig glühende Mahnung an
dieses Inferno erinnern sollen.
Und was war mit den Sauriern?

Unter dem spärlichen Sonnenlicht das sich matt durch die finster auftürmenden Staubwolken zwängte, sah man ein Aschebedecktes Tal das vom leisen und quälenden Röhren der letzten Dinos erfüllt war.
Es war wie ein Lied des Abschiedes, gesungen vom Brichtallosaurus, dem Triptopilantus, den Grippzacken Sauriern und Beckenarbeiter Uri, weil ihm voll einer auf 'm Fuß lag.
Doch ihr klagen blieb ungehört, bis es irgendwann in diesem Tal verhallte mit dem aller letzten Ruf und der letzten Erkenntniss: „Papa, wir haben Ketchup und Mayo vergessen!"
Vor mir steht meine Kleine und schaut mich mit genervtem Ausdruck an. Da bin ich wieder. Das hektische Treiben und Stimmengewirr reißt mich sofort zurück in das mittägliche McDonald Zeitalter und meine Tochter setzt auch gleich noch mal erbarmungslos nach.
„Papa, träumst du?
Wir haben Mayo und Ketchup vergessen!"
Ich packe meinen kaltgewordenen McRip aus und überlege wie ich meiner Tochter, die mit dem aufreißen ihrer Überraschungs Kids Box begonnen hat den Mayo und Ketchup losen Verzehr von Pommes schmackhaft machen könnte. Ihr meine grad erlebte Vision zu erklären, vom vernünftigen Umgang mit Lebensmitteln, vom Ungang mit Mensch und Tier für zukünftige Generationen, das scheint mir hier in dieser Faastfootkette der nimmersatten Trugwelt auf taube Ohren zu stoßen.

Und während sie weiter nach ihrem Spielzeug in der Box sucht nehme ich ein leicht Messiashaftes beben in meine Stimme, und lasse laut verkünden: „Ja Mausi, wir haben Mayo und Ketchup vergessen, aber ich werde uns eine Geschichte schreiben, die uns immer daran erinnern soll!"
Der Lärm am Nachbartisch weicht einer leicht verdutzten Ruhe bis die grad gewonnene Erkentniss meiner Tochter den peinlichen Moment beendet.
„Och ne, schon wieder so'n blöder Dino"!

Wenn ich eine Freundin hätt,
und sie ging mit mir ins …
(was sie schon wieder denken.
Es hätte sich ja auch auf Kabarett reimen können.
Aber o.k. Sie haben natürlich Recht.
Ich schlimmer.)
… und sie ging mit mir ins Bett.
Dann sagt sie wohl später mit verliebten Klang:
„ach, wären wir mal doch ins Kabarett gegang!"

Ein Gedicht das entstand, als ich über eine Stunde auf den Bus warten musste und vor mir eine Weide mit den dazugehörigen Kühen so rumweidete.

Kühe

Kühe die den Rasen treten,
muss man an den Blasen kneten.
Denn durch die Suppe im Gehänge,
bringt die Truppe jede Menge,
ohne Mühe großes Geld,
weswegen man sich Kühe hält.
Doch die Milch in jener diese,
wollt ein Knilch an jener Weise,
da der Durst ihn überkam
war's ihm Wurst woher er's nahm.
Seit 'ner Stunde tat er lauern,
ohne Kunde an den Bauern,
ob er mal zur Kuh hindürfe
und am Strahl ein wenig schlürfe.

Doch der Wicht, der war sehr rüplich,
fragte nicht wie's sonst so üblich,
dacht der Landmann iss ja döschich
und mein Brand man ja den lösch ich.
Nun wär's Gedicht von der Sache leer,
wenn da nicht die Rache wär,
und na klar es bereut der Dieb,
was er da am Euter trieb.
Man sah den Feinde dort agieren,
tat die Gemeinde alarmieren
und ging dann tapfer nun dazwischen
um den Zapfer aufzumischen.
Was wohl zum Schluss auch richtig war,
doch mein Bus ist noch nicht da,
und so verharre, voll Interesse,
ich auf die Karre, mit blutender Fresse.

Aufklärung

Seit jeher weiß man aus Erfahrung,
von dem kleinen Unterschied,
zwischen Mädels oder Buben,
den man schon beim Baby sieht.
Auch Ihr wisst ja wovon ich spreche,
und kennt den Unterschied genau,
er ist da unten … bei den Söckchen,
sie hat's Rosa, er hat's Blau.

Die folgende Geschichte widme ich dem Opa Kurt.
Deswegen nenne ich sie auch Kurtsgeschichte.

Die Currywurst
von Lemmi Lembcke
und Fleischerei Lange

Es war einer von diesen kalten, verregneten Nachmittagen, an denen man das Grau nur mit bunten Einkaufstüten in der Hand ertragen konnte.
Die Familie so vor dem konsumellen Zerfall gerettet und das Gefühl einer guten Tat im Nacken, geht man dann in der genetisch verwurzelten Urzeitmission des Schnäppchenjägers und Bonusmarkensammlers der Sippe entgegen um die Beute zu teilen.
Und wenn in grauen Urzeiten der Jäger am Waldesrand verharrte und in tiefberührter Zufriedenheit über besagtes Jagdglück seinen Blick über Täler und Hügel streifen ließ, während ihm der laue Urwind durchs ungepflegte Haar fuhr, so steh auch ich nun am Rande des Parkplatzes und der Duft einer Pommes Bude streift mein Base Cup.
Currywurst!
Die Wiedergutmachung vom Preisvergleichen, Schlange stehen und vergessene Pfandflaschen aus dem Auto gehole.
Der Sommerschlussverkauf für schlechtes Gewissen, das an jeder fettig, triefenden Currywurst klebt.
Doch weil dieses nicht vom ranzigen Altöl fortgebrutzelt werden kann, kommt hier der Überlebens-

künstler vergangener Tage wieder durch, der für
den Fortbestand der Sippe zuständig ist.
Nahrungsaufnahme. Ein Garant gegen den körperlichen Zerfall, der im Zusammenspiel mit meinem Konsumverhalten der letzten 3 Stunden zu einer tödlichen Mission mutiert ist.
Der Überlebenswille ist stärker als 3,80 €.
Ne Pommes rot-weiß währe da nur Alibi. Da muss 'ne Curry ran.
Und wie sich einst der Urwaldjäger durch Farn und Dickicht an die Energie und Eiweißorientierte Nahrung schlich um es seinem Gehirn im Laufe von Jahrmillionen zu ermöglichen irgendwann mal 'ne eigene Pommes Bude bauen zu können, so dränge ich mich meiner kultbeladenen Feuerstätte entgegen.
Wenn Jäger und Schamanen noch zu ihren Göttern riefen, im Hoffen auf gute Jagd und reiche Ernte, so kann ich hier im rot aufgedunsenen Antlitz meines Grillmasters, das dem Martyrium hoher Blutfettwerte auch mit reichlich Korn nicht entgehen konnte, die allumfassende Frage nach dem „Watt woll'n se" erkennen.
Ich weiß nicht wann, wo und welches Wort es gewesen sein mag das uns irgendwann vom brümftigen Urgerülpse anderer Primaten und Legastaten getrennt hat, aber in den geschichtlichen Hochebenen der Artikulation auf deren satten grünen Wiesen Sätze heranwuchsen wie „Ne Curry bitte", da scheint es mir doch Bestätigung dafür,
der linguistische Hirte geworden zu sein, der die wortgewaltige Herde in den Abgrund treibt.

Ich – Ne Curry.
Er – Eine ?
Ich – Eine !
Er – Ne Curry.
Da es der Präzession einer Weidmännischen Jagdplanung an devizieleren Absprachen mangeln lässt, auch auf Grund einer nicht vorhandenen Schonzeit für Currywürste, beschränken sich Jäger und Vollstrecker auf das Wesentliche.
Die Tat ist beschlossen und der Wind steht günstig. Eine kleine Gruppe von Jungwürsten kauert dicht zusammengedrängt auf heißem Rost und amüsiert sich über jedes Zischen ihrer Fetttröpfchen die sie übermütig in die Glut spucken.
Das ist der Moment.
Und wie ich noch veganisch mit mir hadere ob ich nicht doch nur 'ne Pommes rot-weiß nehmen sollte, da schnellt schon der schmierbauch behaftete Körper meines Verbündeten herum und das grausame Gesetz des Konsums nimmt seinen Lauf.
Wie hier die Wurstzange zum Richter wird, zum Schnitter im Felde, der die Freunde nun zum Abschied zwingt, kann ich nur ahnen.
Fressen und gefressen werden.
Belangloses Beiwerk einer Floskel die auch nicht einmal ansatzmäßig die Mater einer Schuld von mir nimmt. Mir ist als hört ich die Mutterwurst nach ihrem Kinde rufen, doch ihr Klagelaut zerschellt an einem Herr von blutverschmierten Schlachterkitteln.

Die Gastronomische Evolution hatte sich gegen das Würstchen entschieden.
Doch während damals noch der Urgome seinem Abendbrot Aug in Aug gegenüberstand, um im fairen Kampf die Seiten des zu konsumierenden zu klären, so zahle ich heute nur ein schäbiges Blutgeld an den der mich um den Ruhm und die Ehre brachte wie ein Mann meine Curry zur Strecke zu bringen.
Das bisschen Respekt und Erfurcht für den, der mir Fastfootpfeife sein Leben gab, wird nicht mit rituellen Lobgesängen oder Tänzen geehrt, sondern verklingt gefühllos wie der ratternde Klang des Wursthechslers, der mir feige das Opfer in Stücken auf die Pappe wirft.
Da wir ja bekanntlich alle nur ein Teil vom Ganzen sind und auch diese Wurst nur ein Teil vom Ganzen ist, so ist sie immer noch ein Teil und nicht Teile. Und schon gar nicht auf einem billigen Pappteller.
Pietätlose Opferschale einer schnelllebigen Esskultur.
Beschämt wende ich mich ab und mein Blick verfängt sich in einem mageren aber doch sympathisch anmutenden Gesicht, dessen Inhaber eine umsatzschmächtige Gulaschkanone betreibt.
Erbseneintopf 1,60 €.
Ich Narr.
Die Lust einer kurzen Sucht wurde mir zur Qual, das Zweifeln zwischen Speer oder Hängegrill, zwischen Jagd oder Bestellung schlägt mir die Wunde

ins Verständnis für den Werdegang vom hungrig,
kühnen Jäger zum satten, trägen Endverbraucher.

Der Imbiss, jämmerliches Ende einer kulinarischen
Implosion von Urinstinkten. Oh wenn sie's nur
geahnt hätten.
Und ich sehe einen stark behaarten Mann voll
Fresse über ins Neandertal lang hinschlagen.
Beschämt verlasse ich die Zufluchtsstätte von
Versagern, den Unwillen jenes Barbaren im Ohr
der mir die unverdiente Beute mit Curry Ketchup
schmackhaft machen wollte.
Curry Ketchup. Ein Blutiges Leichentuch auf offenen Wunden.
Ich will vorm Hunger wieder kämpfen müssen,
jeder Bissen ein Sieg und nicht geschenkte Sattheit.
„Woll'n set nich mitnehm", trifft's mich noch im
Rücken.
Doch ich stehle mich aus seinen Blicken, vorbei an
der Verachtung jenes Gulaschkanonenmannes dessen Erbsen mir, im extenziellen Austausch unserer
Kräfte nicht wirklich Gegner sein konnten.
Ich fuhr nach Hause, vorbei an Supermärkten
und Fastfoodketten, hinaus aus der Stadt durch
die Wälder meiner Väter und Ahnen, in der stillen
Hoffnung dass mir wenigstens ein Stück Rotwild
ins Auto laufen könnte.

App 4
zum Blümchen pressen
—>

Dem nicht ansässigen Leser möchte ich mit Brauchtum bedingten Vorkommnissen die Stadt Schwerin hier mal schmackhaft machen.
Weit über die Landesgrenzen hinaus dürfte wohl das VIP-Naturell des Petermännchens noch Rechtfertigung finden, wer aber ist denn wohl bitte schön der Martensmann.
Ebenfalls weit über die Landesgrenzen hinaus, aber nicht bekannt, sondern angefahren, kommt dieser geschichtliche Insider mit einer Kutsche aus Lübeck angehottet um auf dem Schweriner Marktplatz einmal im Jahr ein Fass aufzumachen.
Und zwar mit einem Rotwein Namens Rotspon. Dieser geht komplett auf's Haus bzw. auf die Stadt, da unsere gewieften Vorfahren vor langer Zeit mal diesen Mittelalterlichen Hanseaten aus der Sch… geholfen haben.
Die ganze Tragweite ihres Dankeschöns war für die Ratsherren wohl noch nicht absehbar, als sie damals leichtsinnig daher versprachen:
„na, da geben wir doch mal ein für aus".
Denn wer uns Mecklenburgern Alkohol verspricht kommt so schnell aus der Nummer nicht mehr raus und die dauert nun schon fast 700 Jahre.
Nachdem das 100 Liter Fass durch volkstümliche Druckbetankung in die Landeshauptstädter gekippt wurde verlegt man den abendlichen Absacker in die gastronomische Einrichtung des Schlosses.
Und dort kommt es zum Traditionellen Weinstreit zwischen Schlossvogt und Martensmann, da man laut Bestellung doch lieber Most haben wollte,

anstatt des gelieferten Weines. Man war sich gewiss, das die hiesigen Winzer das Tröpfchen besser veredeln konnten als die Lübecker Sommeliers. Angerottet im Abgang mit leichter Plack-Note, oder so.
Bis heute hat man das aber nicht auf die Reihe bekommen und somit auch immer wieder einen guten Grund für Nachtbarschaftspflege und Wohltätigkeit.
Tolle Sache. Für diesen Streit, in höfisch, fröhlicher Aggression, durfte ich dem Schlossvogt schon öfter mein dilettantisches Angesicht verleihen und diese Geschichte auch in Reime packen. Prost!

Gedicht vom Weinstreit
Zwischen Weinfest im September
und Glühweinbude in Dezember,
verkürzt die Zeit des wartens man
durch Einladung des Martensmann.
Denn der bringt Rotwein gleich an Mass,
Lübecker Rotspon frisch vom Fass.
Dann kommt er an hier mit 'ner Kutsche,
mit Hallo, winke und geknutsche,
das Volk es kommt herbei gelaufen,
na logisch, gibt ja was zu saufen.
Schön das du mit dem Wein herkommst,
und schöner noch, der ist umsonst.
Jeder steht auf Wein vom Martensmann,
so lange er noch stehen kann,
das Fass ist in 'ner halben Stunde,
dann aufgeteilt in aller Munde,

Frau Gramkow gab Befehl zum trichtern,
und halb Schwerin ist nicht mehr nüchtern.
Und ist das Fass dann leer in dess,
kriegen Metverkäufer richtig Stress,
was da gebraut und was gemostet,
hau wech das Zeug, egal was kostet.
Der Marktplatz wird zum größten Teile
zur Mittelalter-Party Meile
und als man noch die Kneipen stürmt
ist Martensmann schon längst getürmt.
Die Ein geh'n trunken dann ins Bett,
die Andern noch zum Schlossbankett,
für edle Frauen und wicht'ge Herr'n,
ich sach ma so, der harte Kern.
Zum ausnüchtern da hilft hier jeden,
das zuhören von langen Reden,
mit Dankeschön und froh's geling,
doch man könnt jetzt auch das Essen bring.
Denn während vorne man noch lallt,
wird hinten schon die Suppe kalt,
und endlich, wenn man's Glas erhebt,
da weis man, man hat's überlebt.
Man bringt den Martensmann sein Schmaus
dann rein und so nie wieder raus,
der landet komplett in den Mägen,
zwischen allerlei Kulturbeiträgen,
wo man sich stets vor lachen bog,
vom Kellner bis zum Großherzog.
Und dann, dann wird es unbequem,
dann kommt das Rhein Wein Mostproblem,

da ist seit Jahren nicht gelungen,
das finden von Problemlösungen.
Die Winzer gehen sich an den Hals,
und das seit Anno dazumals.
Denn was man damals importierte,
war Grund dass es so eskalierte!
Es sprach am Hof der Friedrich Franz,
eh passt mal auf, das stimmt nicht ganz,
Rhein Wein Most wollte ich von Euch,
und nicht hier so'n gepanschtes Zeuch.
Heut sagt man eh'r, was soll der Fuck,
das ist doch aus'm Tetrapack,
ne lass mal sein du, tschüss und danke,
da hol ich mir was von 'ne Tanke,
und haben die kein Rotspon da,
tun's auch 5 Liter Sangria.
So geht der Streit seit ewig schon,
drum nennt man ihn auch Tradition,
mit der woll'n wir heut auch nicht brechen,
drumm Martensmann: „Wir müssen sprechen!"
Wie immer schon seit allen Zeiten,
man muss sich ja jetzt nicht gleich streiten.
Ach weist du was, das klären wir
am besten bei 'ner Flasche Bier.

(2 Flensburger / Fump-Fump!)

Was bleibt

Irgendwas hatte mich aufgeweckt.
Ein leises grummeln in der Nacht, das monotone Ticken des Weckers oder dieses bange Gefühl alleine zu sein. Allein in diesem kalten, hohen Schlafzimmer meiner Oma, mit dieser Holztäfelung an den Wänden hinter denen es knarrte und pochte und die bestimmt einmal vor langer Zeit von der knackrigen Musik alter Grammophone ins schwingen gebracht wurden.
Alleine, mit diesem mächtigen Kleiderschrank der vor dem Bett thronte und dieser Spiegelkommode auf der all diese Parfümfläschen standen die so schön nach blauhaariger Tante rochen.
Und wenn man diese beweglichen Außenflügel der Kommode so eindrehte, dass die Spiegel sich gegenüber standen, konnte man in die ewigen Weiten einer Unendlichkeit blicken.
Da saß ich nun in diesem Zimmer, in einem viel zu großem Federbett, wie in Wolken oder schneebedeckten Bergen, einem Federbett das mich fast zu erdrücken schien wenn ich am Abend hinein kroch um frierend auf die Wärme zu warten.
Mein Bruder, mit dem ich vor 2 Stunden noch, ausgerüstet mit einer verbotenen Taschenlampe, die unentdecktesten Gänge unter dieser Bettdecke erforscht hatte, röchelte sich bereits leise durch den Schlaf und aufmerksam versuchte ich meine Sinne darauf zu konzentrieren, was mich wohl geweckt haben könnte.

Mich, einen Jungen von 8 Jahren, der mit leicht klopfendem Herzen durch das Fenster in die Nacht schaute. Einer Silvesternacht.
Im Mund immer noch den Geschmack einer zerkauten Kaffeebohne welche uns die Oma beim zu Bett gehen auf die Zunge legte, und es krachte und krümelte wenn man sie zerbiss und es war irgendwie so schön und unerlaubt. Kinder und Kaffee. Oh oh.
Ich weiss gar nicht mehr ob wir diesen Geschmack überhaupt mochten, doch wir warteten jedes Mal schon auf dieses lieb gewonnene Ritual. Guten Nacht Omi, Guten Nacht Andimausi und Bohne. Doch da war es plötzlich wieder im Zimmer zu hören, dieses leise Geräusch aus der nächtlichen Ferne.
Suchend sah ich nach draußen, auf das von Straßenlampen unbeleuchtete Stück Hoppelpflaster und da sah ich sie am Nachthimmel.
Einsam und allein zog sich eine Rakete an ihrem silbernen Strahl in die Höhe um sich dann mit einem leicht verspäteten „Plop" in zwei verschiedenfarbige Leuchtkugeln zu verwandeln und in die Dunkelheit zu fallen.
Es musste also Mitternacht sein. 12.00 Uhr.
Oma und Opa Neustadt saßen sicherlich mit einem Gläschen Sekt vorm Kessel Buntes in schwarz-weiß, während meine Eltern es bestimmt grade in einer Konfettibefüllten HO-Gaststätte ordentlich krachen ließen.

Und ich, ihr Zweitgeborener, saß im Schlafzimmer und malte mir aus wie es wohl sein würde wenn ich endlich mit feiern dürfte.
Natürlich würde ich die größten Raketen und die lautesten Knaller haben, selber umgebaut und auf den neusten Pyrotechnischen Standart modifiziert. Im Prinzip würde ich genau das in den Neujahrshimmel jagen, womit auch auf heutigen Stadtfesten jeder professionelle Pyromane im Klang zu Händels Feuerwerkmusik die Nacht zum Tage macht.
Zudem war das Wunschdenken über mein zukünftiges Dasein sowieso auf Heldenmut und Forscherdrang ausgerichtet und die Momente die zu dieser Entwicklung beitrugen waren gerade zu vorbestimmt.
Da stand ich z. B. in einer Winternacht vorm Elterlichen Heimathaus, die Kapuze tief ins Gesicht gezogen und deren Schnüre emsig zerkauend.
Die Straße dunkel und leer.
Es war schon spät, aber ich genoss es wie der Schneesturm mir im Rücken stand, wie die Flocken an mir vorbei sausten und ich hatte das Gefühl als würde ich nach hinten umkippen müssen.
Ich stand da und träumte mich an Heldenhafte Orte und hatte ein gutes Gefühl. Denn es war bestimmt schon 18.00 Uhr im Winter und ich, Andreas Lembcke, durfte noch hier draußen bleiben. Im Dunkeln. Hätte ich damals schon was vom Mount Everest oder dem K2 gewusst, so wäre mir klar gewesen wo ich an diesem Abend

gedanklich im vollen Klettergeschirr in der Wand hing.
Der kalte Wind zerfetzte mir das Gesicht, die Zehe waren schon abgefroren, doch man rief mir zu, wenn einer diesen Berg bezwingen kann, dann du!! Ich wollte Reinhold nicht enttäuschen.
Und ich hätte es auch geschafft, ich wäre auf diesen Gott verdammten Gipfel gestiegen und hätte mein Fähnchen in die schneebedeckte Spitze dieses Achttausenders gerammt.
Damit es flatternd im Winde allen verkündet: Dies ist mein Berg!!
Wenn da nicht die Stimme meiner Mutter gewesen wäre: „Komm rein Junge, du musst noch Hausaufgaben machen!"
Und aus seinem Schneeloch schaute verwundert ein Yeti hervor.
Aber bald schon war ich wieder da, zurück im Land wach gewordener Kinderträume, als ich meinen Bruder mit dem Schlitten über den dunklen Hinterhof zog, hin zu dem einzigen Licht das mir das Küchenfenster als Rettung auf den Schnee warf. Und das war auch gut so, denn ich war einer der letzten überlebenden Polarforscher der die Expedition zu Ende bringen musste.
Mein Bruder, von Eisbären zerfetzt, lag verblutend auf der Rot Kreuz Liege, die ich seit Wochen völlig entkräftet hinter mir her zog.
Die erbarmungslose Kälte hatte die Tränen in meinen Augen vereist und das Trommelfell meiner Ohren starr werden lassen.

So konnte ich das schneidende Geräusch der brechenden Eisschollen um uns herum nicht war nehmen und jeder Hollywoodproduzent würde jetzt in einer dramatischen Orchestrierung die Sau raus lassen, wenn da nicht Tante Trudi gewesen wäre, die von oben herunter rief:
„Geht da von der Wäsche weg!"
Wer schon mal hart gefrorene Wäsche auf einer Leine im Winter trocknen gesehen hat, ist auf alle Fälle über 40 und weiß trotzdem nicht wie das funktionieren soll. Trudi wusste es und katapultierte mich damit in das für Helden unzumutbare Kindesalter zurück.
Held sein ist nichts für die Ewigkeit.
Die Schulzeit relativierte und engte die Durchführung meines Vorhabens dann auch sehr ernüchternd ein und ich habe es bis heute nicht geschafft auf einem dieser Berge oder Pole zu stehen.
Aber es hat auch eine seltsame Umkehrung statt gefunden.
Denn keiner dieser heutigen, perfekt durch inszenierten Feuerwerke kommt an diese kleine Pille Palle Rakete von damals ran und all mein erhofftes Heldentum, dieses Aufblicken zu Einem der einzig und allein die Welt retten wird, endet heute nur im Gelächter eines gelungenen Soloabends.
Als meine Tochter einmal bei so einem Abend dabei war, sagte eine Zuschauerin danach zu ihr:
„Na dein Papa macht aber komische Sachen".

Vielleicht wird sich meine Kleine nicht mehr erinnern was sie darauf antwortete, aber ich habe es gehört und ich werde es behalten.
Sie sagte: „Mein Papa macht, das Menschen lachen".
Und das ist es wohl wirklich.
Meine Bestimmung. Wenn irgendwas von mir in späteren Lembcke-Generationen noch da sein sollte, wenn sich meine Tochter mit diesem einzigen Satz das Wesen ihres Vaters durch die Zeit bewahren und erklären kann, wenn es das ist was bleibt, dann können sie meinetwegen alle unbezwungen bleiben, die Mount Everests und Nordpole dieser Welt.
Mein ganzes Heldentum packe ich in dieses kleine Mädchen damit sie Ihres irgendwann finden kann.
So wie ich, der damals in diesem Bett saß und nicht genau wusste, was mich da gerade aus dem Schlaf geholt hatte. Vielleicht war es eine Ahnung davon, als durch das dunkle Zimmer für einen Moment ein Licht wanderte, als die sich bewegenden Schatten an den Wänden kürzer wurden und als dieses bange Gefühl in ein schönes Staunen geriet.
Eine Rakete in der Nacht, die in zwei leuchtenden Farben verglühte.

Ich habe auch schon eine Menge von Liedern geschrieben, von denen aber viele das Licht meiner Schreibtischlampe erst als Gedicht erblickt haben. Wenn dieses aber nicht den unglaublich hohen Ansprüchen meiner Poesie stand hielt, so konnte daraus immer noch ein Lied werden.
So scheint es nicht verwunderlich das mittlerweile so an die 50 Lieder grad noch so die Kurve gekriegt haben. Hier 5 Beispiele von Liedtexten die immer noch ein erstaunliches Potenzial von zeitgenössisch, balladeskem Gedichte-Epos inne haben. Oder ich schreib's mal so, wir planen auch 'ne CD mit meinen Liedern zu machen und da muss ich schon mal so'n bisschen Anködern.

Im Biergarten von Eden

Wenn der Wind wieder mal alle Geigen zerfetzt,
die Rosa übern Himmel stehen,
und mein Schutzengelchen sich die Flügel verletzt,
weil Luftschlösser im Wege stehen,
und mein Kleeblatt mit vier Blättern,
tat ein Hufeisen zerschmettern
und Fortuna kämt ihr Pechsträhniges Haar,
und den letzten Schornsteinfeger
fraß ein tollwütiger Eber,
der bis Gestern noch mein Glücksschwein war.
Wenn mein Glücksrad sich dreht und 'n Platten kriecht,

denn meine Kugel beim Roulett ist viel zu spitz,
aus der Wundertüte zieh ich stets nur mein Gesicht,
mit der Aufschrift: Kenn sie schon den neusten Witz?
Und leg ich mir dann die Karten,
fliegen Eier und Tomaten
denn kein noch so guter Wille macht da mit,
wenn die Glückswürfel dann fall'n,
komm ich in die roten Zahl'n,
bei Hans Wurst, der hieß mal früher Hans im Glück.

Und so spiel ich wieder Saufen
und ich sauf mich übern Haufen
und ich kipp von dieser bitterbösen Welt,
nennt man dich blauer Planet,
weil's hier nur mit Fusel geht,
na dann Tschüß ich schweb ins Bier- und Himmels-
zelt.

Refr.:
Im Biergarten von Eden,
wo die Bierglastulpen blüh'n,
da kann ich überleben,
da macht das auch noch Sinn,
im Biergarten von Eden
ist das Glück noch unter sich,
im Himmel für Bierdosen
geht die erste Runde auf mich.

Blut im Urin

Was ihn nie zu Sorgen schien,
war am Morgen der Urin,
er nahm die Lenden aus der Pelle
und gülden floss des Knabens Quelle.
Doch die war nicht mehr ohne Makel
und das Klo wurd zum Orakel,
denn er las im Beckenstein,
kein stilles Örtchen wird's mehr sein,
der Zipfel wird dir zur Tortur,
dreht sich deine Wasseruhr,
denn Lava quält sich durch's Getriebe,
Rot das ist nicht nur die Liebe.

Refr.:
Blut im Urin,
ich hätte nie gedacht das meine Blase versagt!

Im Porzellan zu deinen Füßen,
möchte dich der Tod wohl grüßen,
oder kriegt Arznei gebannt,
was die Blase hier verschlammt?
Denn des Lebens roter Faden,
geht im wahrsten Sinn hier baden,
schlägt der Keim ins Klo die Zähne,
tanzt der Gilb mit der Hygiene.
Oh des Saftes böser Wille,
bremst kein Deckel, keine Brille,
alle Spülungen dieser Welt,
ertränken nicht was mich so quält.

Refr.:
Blut im Urin,
ich hätte nie gedacht, das auch die Niere versacht!

Notdurft sie verrostet da,
im Schlot schlurft deine Prostata,
und es wird Herbst auf deinem Klo,
aus der 00 wird ein Oh oh.

Herr Fischer

Sie schreiben mir wieder Briefe,
mit Rechnung und Tarife,
mit Mahnung und mit Superpreis
und all so'n Scheiß.
Und jedes Amt will Auskunft,
bis mein Verstand sich blau schrumpft,
Lohnsteuerjahresausgleich,
das Wort wacht mich schon weich.

Weil Beamte ganz genau sind,
gibt's Frage Eins bis Tausend,
Fragebogenformular
im Chinesisch – Algebra.
Wenn sie die Hyroglyphen
in ihrem Büro prüfen,
seh ich mich schon gekreuzigt da
am Kreuz für nein und ja.

Bei Raten und bei Zinsen,
seh ich 'nen Kuckuck grinsen,
der Amtsschimmel läuft im Galopp
trotz Gnadenschuss im Kopp.
Eene, meene miste,
steht auf der Frageliste,
und wer sie umdreht oder lacht
wird der Buckel blau gemacht.

Ich seh da nicht mehr durch
die ganzen Fragen sind zuviel,
als Kind war das noch einfach,
denn da war's ein Kinderspiel.

Refr.:
Herr Fischer, Herr Fischer,
wie tief ist das Wasser?
Mit welcher Farbe komm ich über'n See.
Ja wir kommen aus dem Morgenland,
die Sonne hat uns braun gebrannt,
Meister, Meister, gib uns Arbeit,
was habt ihr denn gelernt?
Na eins, zwei, drei, vier Eckstein,
alles muss versteckt sein,
vor und hinter mir, gibt es nicht.

In se bick blu Si of mai hart

Ich werd als Neptun zum Depp nun,
weil keine der Frauen mich erhört und das stört,
hier in den Wogen sind meine zwei Rogen
schon langsam verdörrt und das klörrt,
hier in der Gischt da klappt nischt,
keine will mit mir gehen, nicht mal schwimm,
iss nix drin,
man hört im Meer mein Geblär,
alle Seen die füll ich mit Trän, hör mich flehn.
Refr.: Ahuuuuuu huuuu schubidu dab!

Auch mit 'ner Nixe klappt nix eh,
ihr Fischschwanz lässt mir beim Vergleich,
alles weich.
Kommt dann son Strammer vorbei,
Marke Hammer Hai,
nimmt sie den, kann ich versteh'n.
Doch selbst der Schurke, die blöde Seegurke
hat bei ihr 'ne Chance, Kontenance,
man sprach: damit er mal,
schickt ihm Frau Zitteraal,
seit dem hab ich tolle Refraince.
Refr.: Ahuuuuuu huuuu schubidu dab!

Oh se Oschen is bick, mai Emoschen mäk knick,
in se bick blu Si of mai Hart.
Doch mai Hart iss mehr weich
und dies Meer iss'n Teich,
ich hab'n Sprung in der Schüssel voll Fischsalat.

Ich wollt auch mal mit Frau Wal,
doch laut Kalenderquartal
wär das bäh im roten Meer.
Dann lieber kuscheln mit Muscheln
doch die ha'm was mit Gambas,
wenn ich da Större petzen hör.
Ja mit Frau Nagelrochen
hat ich was'n paar Wochen,
ich hab noch heute Nagellack am …
…phibien haun für die Liebe nie hin,
mir geht nur'n Rollmops an die Hosen
und selbst Kaviar aus Dosen.
Refr.: Ahuuuuuu huuuu schubidu dab!

Marleen

Ich gab dir mein Wort,
ich gab dir mein Licht,
und meine Seele in so manchem Liebesgedicht,
ich gab dir meine Freude,
mein Leben und mein Glück,
du hast alles genommen,
deshalb bist du wohl so Dick.
Ich gab dir mein Lachen,
drum ist es mir vergang,
ich gab dir allen Mut,
deshalb ist mir heut so Bang,
die Wellen unserer Liebe,
im Herzen einst verstaut,

wellen heut als Cellulites
nur noch auf Orangenhaut.
Ich schenkte dir die Sonne,
hab dir den Mond geklaut,
jetzt rückst du sie nicht mehr raus
und jeder Tag ist so versaut,
ich flog einst wie die Motte
in dein Licht um zu verbrenn,
doch du warst nur'n Lichtschalter
in dem ich heut noch klemm.
Unsere Liebe war wie Rosen,
wie junger frischer Wein,
denn der geht voll in die Hosen
und wir stachen auf uns ein,
ich wollte einst ein Prinz sein
mit 'ner Märchenfee dabei,
heute bin ich Drachentöter
und du hast kein Wunsch mehr frei.

Refr.:
Marleen, noch keine Frau war vorher so wie du,
Marleen, es gab bis heut auch keinen Grund dazu,
Marleen, du bist so schön
wenn Andere vor dir stehn,
Marleen, dein Name ist Musik zum leise drehn,
Marleen, die Zeit war schön
mal irgendwann um Zehn,
Marleen, komm her zu mir,
sonst will hier keiner gehen,
Marleen, Marleen, Marleen!!

Die Poeten

Sie sind Verkünder unsrer Sinne,
begnadet wird ihr Wort verziert,
sind deines Geistes Regenrinne,
verewigen was sich verliert.
Sie zaubern Welten, Dimensionen,
im Rausch gereimter Fantasie,
den wir so gerne inne wohnen,
so sind Poeten, gerade die.
Sie sind die Traumschiffe des Lebens,
sie sind der Seele warmer Hauch,
bei mir sucht man danach vergebens,
ich schreib nur Quatsch, doch das geht auch.

Das Ende

Ein jedes Ding hat auch sein Ende,
die Liebesszene durch 'ne Blende,
die Abwärts Treppe meist im Keller,
das Schwein sehr oft auf Brot und Teller,
'ne Hexe auch mal Lichterloh,
und die Verdauung auf dem Kloh.
Dem Unkraut widerfährt's beim jäten,
beim Zombie kann sich das verspäten,
ja selbst das Ende hat ein Ende,
des Dichters Armut durch 'ne Spende,
und auch Geduld macht's oft in mir,
und auch dies Buch, jetzt gleich und hier.
Ende.

App 5
Macht Euer eigenes Gedichtebuch.
*Hier ein paar Anregungen für lustige Vierzeiler,
die ihr auf pointierte Art zu Ende reimen könnt.
Viel Spaß!
–>*

So manchen Fehler macht der Mensch
weil er sehr oft …………………............
doch ist nicht immer alles Falsch
was man ………………………….

Du ist die Suppe mit dem Löffel,
weil du sonst nicht …………….
denn gerade Mittags gegen zwölf,
da ist das oft ………………………

Die Nonne fragte ihren Mönch,
ob er mal nicht ………………...
denn oftmals spielte er die Orgel,
damit sie ihn ……………….........

Hoch in den Bergen schallt das Echo,
nicht immer so ………………………..
denn manchmal klingt es unten falsch,
wenn irgendwer ……………………...

Kocht die Mutter grünen Fenchel,
wird ihm gleich …………………...
das schlimme ist nicht nur das rülpsen,
nach 1 Stunde ……………………......

Dort an der Ecke in dem Kiosk
da gibt es viele …………….......
doch kaufst du da nur einen Pfirsich,
so kostet das …………………………..

Auch schon als Kind war er ein Rüpel,
weil er im Bad …………………………....
wie oft versteckte er den Stöpsel,
damit man nicht ………………....

Die Einen nennen es Gemälde,
weil vorne drauf ……………......
die anderen nennen es nur Ramsch,
weil's hinten rum ………………......

Am morgen ging er ins Gehölz,
bis Mittag ……………………....
zum Feierabend gegen Fünf,
da war er wieder ………….

He Super!! Da sind bestimmt tolle Geschichten entstanden!!!

Da muss ich Euch beglückwünschen,
das habt Ihr ………………………….........

Späschell Sängs:

Ein Dank an und aus,
Dankeschön und hässlich,

dann möchte ich Danken Mac Laud,
ohne dessen Erfindung der gleichnamigen Stärke
man hier nichts gehört hätte.

Ich möchte auch mal Super danken in Sachsen
an 'ner Dankstelle,
danKen und Barbie,

und danken ich auch schon keinen mehr.

Der Autor:

Lemmi Lembcke

Vita alles so kam.

Geboren im Alter von null Jahren in Ludwigslust als Andreas Lembcke am 26.12.1965. Übrigens auch damals schon der zweite Weihnachtsfeiertag.
Nach dem erfolgreichen Abschließen der großen Gruppe, Kindergartenabgangsjahr 1972 folgten 10 Jahre der Wissensgier und des Lerneifers, welche ihm aber leider nicht folgten.

Er begann eine Lehre als Koch, wobei das Wort Lehre doch eher als Leere zu verstehen war, fand aber deren Auffüllung oder Erfüllung im Schreiben von Liedern oder Gedichten für seinerzeitige Singeclubs, Karnevalvereine oder weggeschmissene Schmierzettel.

Dass er auch Leistungssportler im Geräteturnen war, oder Schallplattenmoderator auf Jugendtanzverantaltungen mit 'ner C-Einstufung (Knaller damals zu DDR-Zeiten) möchte er aus bescheidener Demut hier unerwähnt lassen.

Nach 6 Jahren Kochdasein fielen zwei entscheidende Dinge: Erstens die Mauer und zweitens der Entschluss, nach Bremen zu gehen. Er folgte dann seinem inneren Trieb und ging an die Schauspielschule bzw. an die Monika, die ihn zum Vorsprechen mitnahm, ihn dann aber nicht wollte – im Gegensatz zur Schule. Die nahm ihn und nach drei Jahren bekam er sein erstes Festengagement am Waldau Theater Bremen und spielte dort 5 Jahre. Erste Soloabende, Kleinkunstpreise und Zweifel prägten seinen Weg, wovon letztere ihn nach 8 Jahren wieder in die Heimat führten. Erst freischaffend in Schwerin, Hamburg, Bremen, Rostock und Parchim und seit 2004 fest am Mecklenburgischen Staatstheater.

Der Verlag:

Der TENNEMANN Buchverlag gehört zur TENNEMANN media GmbH. Das Schweriner Unternehmen, 1999 gegründet von Leif Tennemann, realisiert u. a. Musik-, Wort- u. Buchproduktionen mit eigenem CD-Label, Musik- und Buchverlag, Editionen, Vertrieb, Download-Service und Online-Shop. TENNEMANN media arbeitet weiterhin erfolgreich als Eventservice und Presseagentur mit eigenen Online-Redaktionsdiensten und Info-Portalen mit den Schwerpunkten Mecklenburg-Vorpommern und Norddeutschland.

Tennemann – den Norden hören und sehen

Aus dem Verlagsprogramm von TENNEMANN media:

Ausgewählte Musik-CDs, Literatur, DVDs und vieles mehr aus Mecklenburg-Vorpommern und Norddeutschland in Hoch und auf Platt.
Fordern Sie einfach unseren kostenlosen Katalog an:
Bestell-Tel.: 0385 - 555 88 44
Internet: www.tennemann.com

Unglaublich, was einem Mann in einer runden Stunde Stand-up-Comedy alles widerfahren kann: Eben wird er noch wegen Mundraub vom Milchbauern gejagt, im nächsten Moment schmachtet er kitschtriefende Liebeshymnen, dann versinkt er schon wieder in einem schaurigen Totenmoor, um anschließend am Rande des Wahnsinns mit ‚Singing in the Rain' durch Pfützen daherzupatschen. Zum Lemmy-Klassiker wird diese Nummer durch Einsatz des Blumensprühers gegen das zweifußbreit entfernte Publikum.

Stilsicher auf Gratwanderung zwischen unfassbar und brilliant spielt sich Andreas Lembcke (Lemmi Lembcke) von schwülstiger Pubertätslyrik über 70er-Jahre-Liedermachertexte bis hinauf zum hohen Ton der deutschen Klassik. Immer komisch und immer „ALLES iCH" – Original Lembcke. Dieser Mann nimmt sich, was er braucht: Sein Publikum!

Mitschnitt des dritten Solo-Programms „ALLES iCH" im Schweriner Programmtheater werk3.

Überall, wo es Musik gibt oder auch bei www.tennemann.com.

Lachen auf NDR 1 Radio MV, dazu gehört auch das Spaßtelefon VORSICHT LEIF an jedem Morgen mit Leif Tennemann ...
Die besten Telefonstreiche gibt es auch auf CD überall im Buchhandel und Musikgeschäften, oder Sie ordern online z. B. bei www.tennemann.com.

Können Fische seekrank werden? Warum haben Frauen mehr Kleidungsstücke im Schrank als Männer? Und welche norddeutsche Erfindung steht auf allen Straßen der Erde? In der NDR 1 Radio MV Serie „Kaum zu glauben – Wissen zum Weitersagen" gibt Thomas Lenz höchst unterhaltsam jeden Morgen Antworten auf solche Fragen des Alltags.

Nun gibt es „Kaum zu glauben" auch schwarz auf weiß: Amüsant geschrieben, unterhaltsam und nur auf den allerersten Blick ein ganz klein bischen unnütz. Denn wollten Sie nicht auch immer schon wissen, ob James Bond nun ein Auslauf- oder ein Zukunftsmodell ist? Ob Glatzenträger den besseren Sex haben? Oder ob dicke Menschen schwerere Knochen als dünne Menschen haben?

Antwort auf diese Fragen gibt es natürlich auch in „Kaum zu glauben": Das Buch zum fröhlichen Blättern und immer-wieder-Lesen – viel Vergnügen!
Überall im Buchhandel oder online auf www.tennemann.com.

Wie fühlt es sich an, die Welt noch einmal mit Kinderaugen zu betrachten? Der Autor Siegfried Jürgensen nimmt uns mit auf eine beeindruckende Zeitreise. Er beschreibt seine Kindheit im hohen Norden Deutschlands in den späten Sechzigern und frühen Siebzigern des vergangenen Jahrhunderts.
Dabei erfahren wir unter anderem wie inspirierend ein Kinderlied sein kann, wie gemein „Wandersocken" wirklich sind und was man unter einem „Rummelpott" zu verstehen hat. Warum der Wind im Norden, vorzugsweise beim Fahrradfahren, stets von Vorne kommt und jeder Hofplatz ein geharktes Muster braucht, erfahren wir leider nicht.

Auf jeden Fall erfahren wir aber auch einiges über unsere eigene Kindheit in diesem sehr lesenswerten Debüt.
Das Buch finden Sie überall im Buchhandel, oder Sie ordern online z. B. bei www.tennemann.com.

Das NDR-Landesfunkhaus Mecklenburg-Vorpommern in Schwerin erinnert mit dieser CD an die besonders einmalige Witzkultur der DDR. Denn die Menschen haben sich früher oftmals buchstäblich weggelacht aus der DDR und über die DDR.

NDR 1 Radio MV und das Nordmagazin riefen zwanzig Jahre nach dem Mauerfall und der Grenzöffnung die Hörer und Zuschauer auf, ihre Lieblingswitze aus DDR-Zeiten einzusenden. Eine Auswahl davon erzählten Ekkehard Hahn, Bärbel Röhl, Manfred Brümmer und Wolfram Pilz (v.l.n.r.) in Barnin bei Crivitz in einer öffentlichen Veranstaltung vor einem begeisterten Publikum.

Diese Hörbuch-CD, überall im Buchhandel oder online z. B. auf www.tennemann.com, bietet den kompletten Mitschnitt zum Weglachen!

Die einhundert besten Witze aus 20 Sendejahren der „Plappermoehl" auf NDR 1 Radio MV finden Sie auf dieser CD. Lachen Sie mit, getreu dem Motto: „Ut'n verklamten Nors kümmt kein fröhlichen Furz".
Die CD finden Sie überall im Buchhandel und Musikgeschäften, oder Sie ordern online z.B. bei www.tennemann.com.

Eine Auswahl der besten Witze aus dem Mallbüdel in der Sendung Plappermoehl von NDR 1 Radio MV präsentieren auch die vier bisher veröffentlichten „Mallbüdel"-Büchlein.
Überall im Buchhandel oder online auf www.tennemann.com.

„Ut mine Stromtid", den erfolgreichsten Roman des mecklenburgischen Schriftstellers Fitz Reuter, präsentiert diese CD-Box zum ersten Mal als einzigartige Hörbuch-Edition: Mehr als 12 Stunden plattdeutsche Weltliteratur auf 11 CDs gelesen vom legendären Gerd Micheel, der mit Recht als einer der besten Reuter-Interpreten gilt. Gerd Micheels einzigartige Vortragskunst und sein durch und durch mecklenburgischer Ton verstärken die große erzählerische Kraft des Werkes „Ut mine Stromtid".
Die CD-Box enthält ein ausführliches und reich bebildertes Booklet von Rainer Schobeß. Darin erläutert der Plattdeutsch-Redakteur von NDR 1 Radio MV ausführlich und verständlich, wie Leben und Werk des großen Schriftstellers zusammenhängen.
Überall im Fachhandel und online auf www.tennemann.com.

Der Entertainer Dieter Karow aus dem vorpommerschen Zingst zündet auf seiner Hörbuch-CD ein Feuerwerk bester plattdeutscher Unterhaltung. Mal derb, mal feinsinnig, mal zart, mal brüllend – da bleibt kein Auge trocken! Und alles, was er singt, tönt, flüstert und plaudert, kommt aus tiefstem Herzen. Das hat Dieter Karow vielen der sogenannten norddeutschen Folkloristen voraus. Er meint, was er sagt und er sagt es! Zur CD gibt es auch das Buch „Ik lach' mi dot" mit allen Texten der Verteller, Döntjes und Lieder aus dem aktuellen Programm von Dieter Karow.
Überall, wo es Musik gibt oder auch bei www.tennemann.com.